東大生が学んでいる一生役立つ株の教

書

ヘッジファンド20年在籍
金融研究会主宰
伊藤潤一

SB Creative

はじめに

これから社会に出る人と、社会に出たけれども投資のことをまったく学んでこなかった人たちに

この本を手に取っていただいたということは、株式投資に何らかの興味がある方なのだと思います。

日本人には珍しく、約20年間外資系ヘッジファンドでポートフォリオ・マネジャーをしている僕が本書でお伝えしたいのは、多くの方が間違った株式投資をしている、ということです。

株式投資なんて怖いと感じている方もいるかもしれませんが、僕のようにお客さんのお金を預かって運用をしているプロの投資家から見れば、**株式投資は、ある程度論**

理的なものなのです。計算の根拠もあり、判断の基準もあるものです。

にもかかわらず、多くの株式投資の指南本は、自分から見たらギャンブルに近かったり、再現性が乏しいものも多いように思います。だからこそ、「怖い」「損するのではないか」という印象も必要以上に強いのではないでしょうか。

とはいえ、株式投資は「口座」を開いて株を購入したら、それだけで利益が出るものではありません。もちろん株式用語を知っているだけでは、勝てません。きちんとした「投資の手法」を知らなくてはいけません。

今後日本は低成長の時代に入ります。給料の伸びは期待できないかもしれませんが、現在のところ株式投資は平均して5〜9％の利回りと言われます。

これからの生活を考えるならば、株式投資を資産設計の1つと考えるのは、悪くない選択であると思います。

・これから株式投資をはじめたい

・今株式投資をしているけれど、あまりうまくいっていない

という方は、ぜひ次ページからの「講義の前のガイダンス」にお進みください。

僕は三和銀行（現三菱ＵＦＪ銀行）から、外資系のモルガン・スタンレー・アセット・マネジメント（現モルガン・スタンレー・インベスト・マネジメント）、ゴールドマン・サックス・アセット・マネジメントを経て、グローバルでもNo.１のヘッジファンドに入りました。

ヘッジファンドというと、多額の金額を積極的に運用していくイメージを持つ方もいるかもしれませんが、そこで仕事をする人たちは、たとえ運用成績がプラスであったとしても、自分の一番良いパフォーマンスから少しでも落ちると、退場を命じられてしまいます。そんな場所で20年。リスクを抑えて確実に利益を出すという点では、日本の中でも稀有な知識と経験を持っていると思います。きっと皆さんの資産設計にもお役に立てると思います。

２０２１年９月

伊藤潤一

講義の前のガイダンス①

日本の「間違いだらけの株式投資」

ここから株式投資について話していきたいのだけど、みんなは株式投資についてどんな印象を持っているだろう。

「儲かりそうだから、やってみたい」
「銀行に預けているよりよさそう」
「元本が保証されないとなると、ちょっと心配……」

など、いろんな意見があると思う。

ここで株式投資に関する大きな間違いを2つあげておこう。

・株式投資はギャンブル
・チャート分析が必須

どうだろうか。このうち1つでも思い当たるなら、ぜひ続きを読んでほしい。

まずはじめに、株式に投資するうえで大事なことを1つ。**それは「株式投資はギャンブルではない」ということだ**。

世の中を見ていると株で損した、得したなどと様々な声が聞こえてくる。それを聞いていると、まるで値下がりする確率は2分の1で、儲かるのも損するのも運次第のようにも聞こえてくる。

でも、プロの投資は違う。この本でお話しするように**もっとロジカルで、再現性が高い**ものなのだ。

時々「億り人」と呼ばれている人たちをメディアなどで見ることがある。君たちの中にも、「億り人になりたい」と思っている人がいるんじゃないかな。スタート時の自己資金は100万円。でも、それが今では数十億円にまでなりました、などという話を聞いたら、憧れの気持ちを抱くのも無理はない。もしかしたらそうした人たちの「投資法」や「チャート分析」を学んでいる人もいるかもしれないね。

でも、それを学んで億のお金を稼ぎ出せる株式トレーダーに誰もがなれるのかというと、これはおそらく難しい。それは1000人に1人くらいの割合でしかないのではないだろうか。

僕は、億り人と呼ばれている人たちが、たまたまそうなった運のいい人たちだけだとは思っていない。株式投資の世界にも、スーパースターは必ずいる。投資家が1000人くらいいたら、その中で1人か2人は資産を数十億円、あるいは数百億円にまで増やした人がいても全然おかしくないと思っている。

ただ、とても大事なことが1つある。それは、**「スーパースターの投資法に再現性があるのか」**ということだ。

自分の資産を数十億円、数百億円にまで増やした投資家の投資手法には、おそらくある程度の再現性があるのだと思う。

でも「それは、誰にでも真似ができるようにわかりやすく、正確にその投資手法を伝えることができるのですか？」ということだ。

いくらその人にとって再現性の高い投資手法だとしても、それを誰にでもできるように伝えられなければ、再現性がないのと同じになってしまう。もし再現性があるのなら、億万長者がたくさん輩出されるはずだろう。天才的なスーパースターだからこそ伝えられないこともあるだろう。大体チャート分析といっても、実際やってみると、それが教えられたチャートの形になっているのかどうか、判断するのも難しいものだ。

ただ、億り人にはなれなくても、これからの世の中をサヴァイブしていくために必要な株式投資の基礎知識は身につけられる。それは決してギャンブルではない、理論的な根拠に基づいた株式の選び方であり、少し勉強すれば、誰にでもできる再現性の高い手法なのだ。

僕から見たら多くの日本の個人投資家の方たちは、投資の仕方が間違っている。

- **再現性の低い方法での投資（チャート分析はこちらに入ると思う）**
- **ネット上に飛び交う信ぴょう性に乏しい株式情報をもとにした投資**
- **株式情報の不公平性を知らないままでの投資**

20年ヘッジファンドの世界で投資をしてきた僕から見たら、あり得ないことだらけだ。

だからこの本で、少人数の天才や、金融機関のプロフェッショナルではなく、普通の人が、しかも大学生でも、「株式」できちんと資産設計できる方法を伝えたいと思い、執筆することにした。

株を買うのは誰でもできる。**口座を開いて「買い」の注文さえすれば、すぐに個人投資家になれる**。でも、それだけでは利益は出ない。「勝つための知識」を持たずにはじめても、なかなかうまくいかないものだ。

この本では、これから株式投資をはじめる人のために、プロとして20年やってきた「本当の投資」をもとに、普通の人が勝てるまっとうな方法を紹介したいと思う。勘や偶然に任せるのではなく、ロジカルで再現性のあるやり方だ。

僕らは大口のお客様から巨額の資金を任されて運用している。ヘッジファンドというと以前は「ハイリスクハイリターン」だと思われていたが、今はお客さんに損をさせないことが重要になっている。むしろ自分のお金より慎重にならざるを得ない。だからこそ、失敗しないための考え方もお伝えできると思う。

そして株をギャンブルとしてではなく、資産設計の1つとして活用してほしい。すぐに大きくは儲からないかもしれないが、きっとあなたのためになるだろう。

講義の前のガイダンス②
なぜ「投資」が必要なのかを考えてみよう

なぜ株式投資が必要なのか。それは、将来的に日本の経済成長が見込めないからだ。特に公務員や日本企業に勤める人ほど、株式投資ははじめておいたほうがよいと思う。

その理由を話しておこう。

最初にちょっと厳しい話をしておきたい。

僕たちがこれから生きていかなければならない世の中の話だ。

僕たちが生活をしていくためには、お金が必要だ。

そのために就職したり、個人で仕事をはじめたりと、何かしらのことをして、お金を得ていかなくてはならない。

本題に入る前に、先に次の問題について考えてみてほしい（クイズ研究会のマネをしているわけではないけれど）。

【問題1】この先、お給料は上がると思う？　下がると思う？

【問題2】この中で、入社したら一番経済的に安定しそうなキャリアはどれでしょう？

・公務員

・自動車業界

・起業

公務員には倒産はないし、安泰ではないでしょうか？

自動車はなんだかんだいって強そう。起業はハイリスクハイリターンな感じ。

今は何があるかわからないから、起業して自分で稼げる道を作ったほうがいいんじゃないの？　そのために必要なことを学ぶためにベンチャー企業も選択肢に入れたい。

就活を控えた学生にとっては、一生にかかわる大事な問題かもしれないね。すでに仕事をしている人は、「うちの業界はどうだろう??」と考えているかもしれない。

さて、2つのクイズの答えを念頭に置きながら、次の話を聞いてほしい。

日本で48年間働いても生活水準は上がらない

めでたく大企業に就職できたとしよう。さて、何年間働くことになるのかな。たぶん君たちが定年になる頃は、65歳ではなくて70歳定年が当たり前になっていると思う。おそらく60歳まで部長や課長といった肩書で働いて、そこから平社員になって70歳まで働く。22歳で社会人のスタートを切ったら、48年間働くことになる。

その間、1990年代前半までのように経済がどんどん成長しているような状態だったら、業績も給料も右肩上がりで、成長を実感しながら仕事をしていくことができるかもしれない。

でも、君たちがこれから生きていく社会は、そこまで活気に満ちてはいないだろ

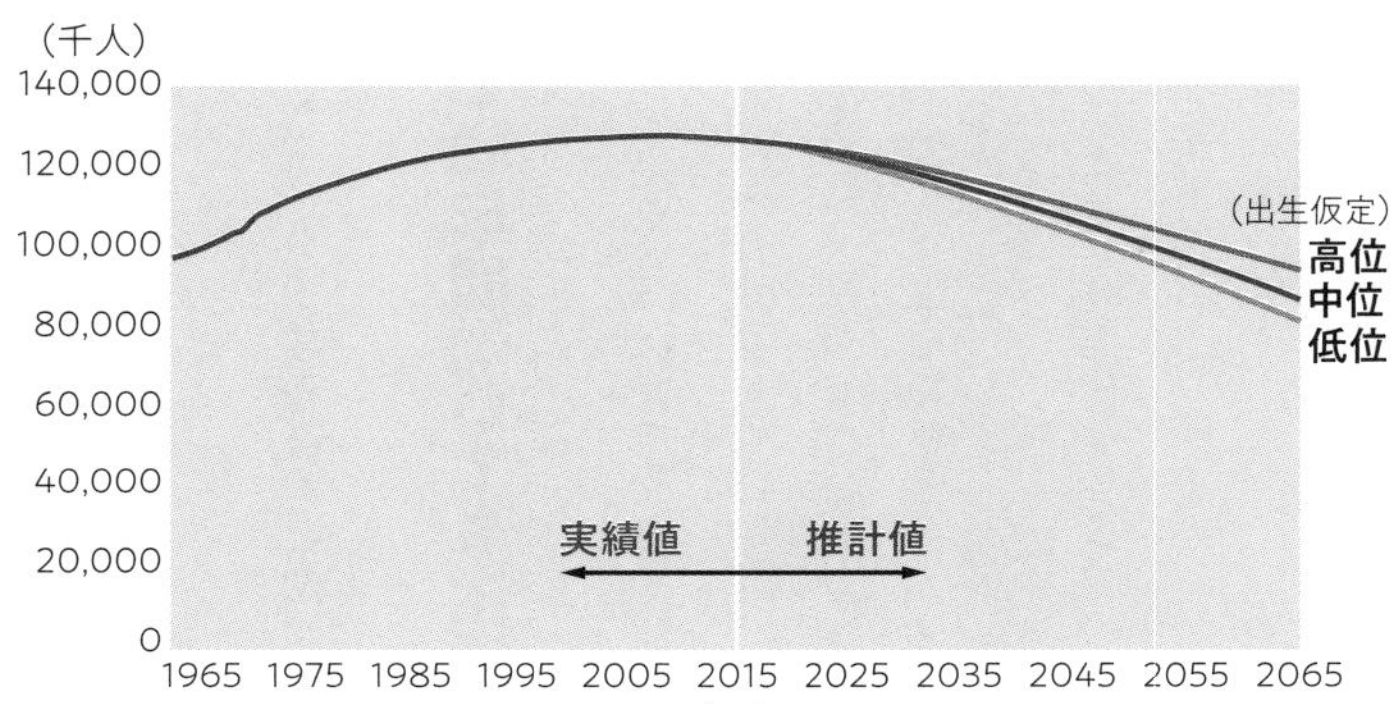

（国立社会保障・人口問題研究所「日本の将来推計人口」（平成29年推計））

う。その現実をまず直視してほしい。なぜなら、これからどんどん人口が減っていくからだ。

2021年7月時点の日本の総人口は1億2536万人なのだけれども、これからこの数字はどんどん減少していく。国立社会保障・人口問題研究所という ところが出している「日本の将来推計人口」によると、死亡と出生を中位で見立てた場合の人口推計値は、2053年には1億人を割り込み、2063年には9000万人すら割り込んで8999万人になってしまう。現在のベトナムやトルコ、コンゴと同じくらいの人口だ（ちなみにこれらの国では今後人口は増えると予測される）。

２０５３年って、今が２０２１年とすると32年後の話だ。今22歳なら54歳の時ってこと。まだまだ現役バリバリで働いている年齢だけれども、その時、日本の人口は今より20％も減っていることになる。

日本経済が生み出す付加価値をＧＤＰに置き換えると、

ＧＤＰ＝人口×１人あたりのＧＤＰ

という計算式になるから、１人あたりのＧＤＰが変わらないとすると、人口が20％も減れば、全体のＧＤＰも20％目減りすることになる。

つまり日本全体で見れば、中長期的な経済成長は良くて横ばい、悪ければマイナスが続く恐れがあるということだ。

そうなると、君たちはこれから48年間、一所懸命に働いたとしても、生活水準がなかなか向上しないということになる。

これは今仕事をしている人たちにとっても重要な話だ。何しろ今までの資産設計や生活設計が崩れてくるという話だからだ。つまり、問題１に戻って言えば、給料は下がっていく可能性が高い。

一言解説

［GDP］ 国内総生産。その国で、ある一定の期間でどれだけの価値を生み出したか

今就職するなら、公務員・自動車業界・起業　どれを選ぶか？

ここまでの流れを踏まえると、おのずと問題2の答えも見えてくるのではないだろうか。

①公務員

ここまでの話だけで単純に答えを言うならば、日本だけで商売が完結するドメスティックな企業は今後の成長が見込めないということが言えるかもしれない。となると、公務員の給与は、国内の民間企業と調整して決まるので、安定しているかもしれないけれど、そこまで成長することは考えられなそうだ（なくなりはしないだろうけど）。

②自動車業界

自動車業界の多くは、海外市場に進出している。トヨタ自動車が米国で初の販売首位になるなど日本勢の強さが相対的に目立つ分野でもあるし、**中国、インドなど今後**

とも台数ベースでの成長が見込める大きな市場を持つ国もあり、相対的に日本企業の中では安定的な成長が見込めそうではある。ただし今後のEV（電気自動車）への転換がどこまでできるか、それにより現在の勢力図がどう変化するのかを予測するのはなかなか判断するのが難しい。

③起業

確かに、起業家になって会社をどんどん大きくして株式を上場させ、一生困らないだけの資産を築き上げるという手はある。けれども、誰もができる方法ではないし、起業に失敗すれば多額の借金漬けになるリスクを覚悟しなければならない。何か堅実にお金を貯められる手法は持っておいたほうがよいだろう。

「えー、英語なんてできないんだけど……」
「地元のスーパーで働いているんだけど……」
「起業するにしても、リスクヘッジが必要なのか……」

そんな声も聞こえてきそうだね。人生長いのだから自分が打ち込める職業に就くことは大事だし、様々なご縁で今の職場にいる人もいると思う。

でも、どんな人でも、どんな場所にいても、今後どこかで伸びていくであろう成長の恩恵を受けられる方法があるんだ。

それが投資、特に**株式投資**だ。

これからの時代、自分が所属している企業において、給料の伸びは限定的かもしれない。でも、自分が所属している企業以上に成長している企業が他にあるならば、その企業の株式に投資することによって、成長の恩恵を受けることができる。

今後、日本の経済成長がほとんど見込めなくなったら、当然のことながら成長できる企業と、どんどんダメになっていく企業とに二極化していく。全体のパイがどんどん拡大していれば、ほぼ全員の利益が増えていくけれども、**これからは全体のパイが縮小していくのだから、全員が成長することなんてできない**。縮小していく利益の奪い合いが生じていく。自分はその会社で部長にまで出世したのに、別の会社で働いている友人は、係長でも自分よりも年収が高いなんて、ざらにあることだ。

だから、どんどん成長していく企業があったら、その企業が発行する株式に投資して、その利益成長を自分の懐に取り込んでしまおう。**株式投資のスキルは、経済成長なき時代を生き抜いていくうえで必要不可欠な知恵**なんだ。

日本企業に勤める人ほど「株式投資」をする必要がある

就職した先が思い切り従来型のドメスティックな企業だったら、なおのこと株式投資を考えたほうがいい。

たとえば小売業とか、出版社とか、外食産業とか、電力会社、ガス会社、不動産など、いわゆる内需関連企業のことなんだけど、この手の企業が20年後、30年後にどうなっているのかを考えると、いささか頭が痛くなってくる。

おそらく、いやまず間違いなく氷河期になっているはずだ。だって、人口がどんどん減るんだから。

では、どうするか。どこに行けば成長の波に乗れるのか？

日本のマーケットは人口減少で縮小傾向をたどるのは必定だけど、海外に目を向ければまだまだ成長していく可能性は高い。だって、世界の人口はこれからまだしばらく増えていくから。

問題は海外の経済成長を、どのようにして自分の収入に反映させられるかだ。

1つの方法としては、転職すること。海外でビジネス展開をする企業はもちろん、

どこにいても「成長」の恩恵を受けられるのが株式投資

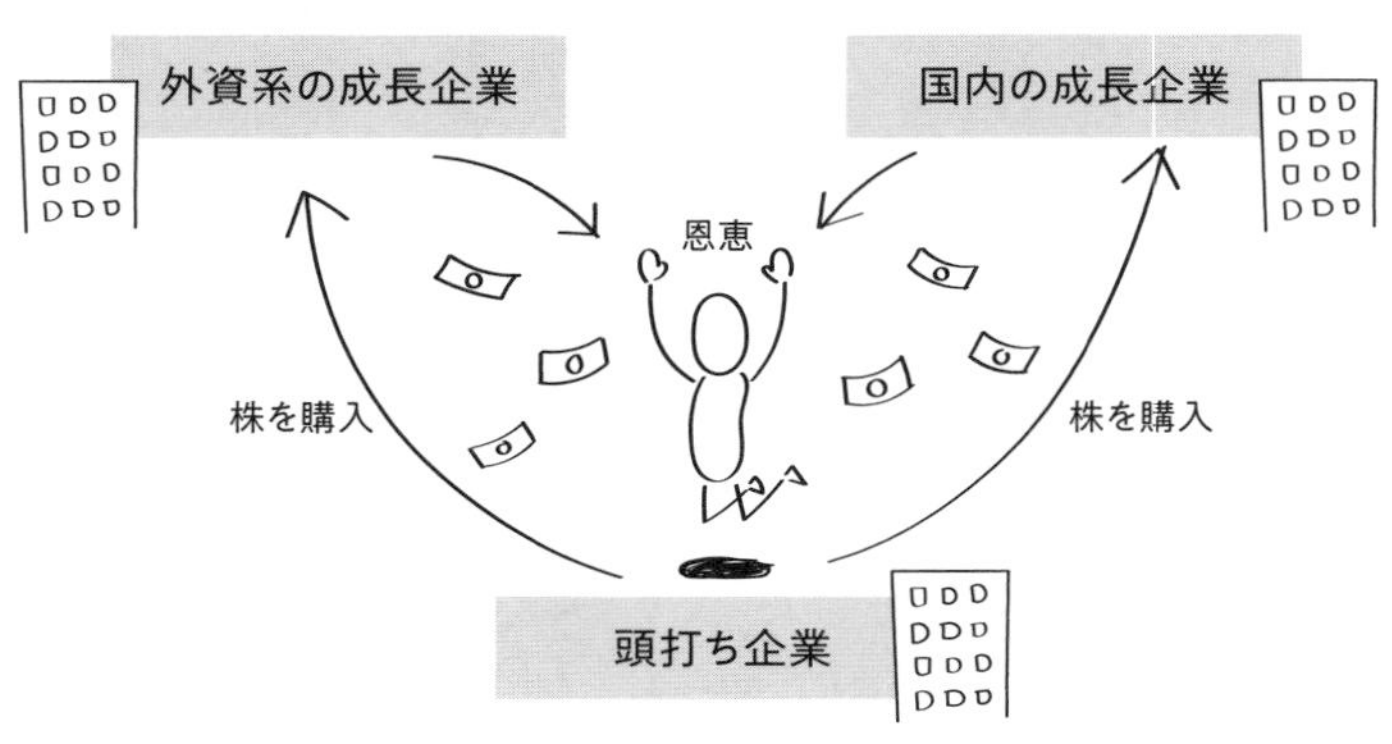

日本でもDXや再生可能エネルギーなど今後伸びそうな会社に就職してしまう方法はある。でも、自分によほどの実力がない限り、一流企業に転職するのは難しい。

だから株式投資なのだ。グローバルにビジネスを展開している企業、今後成長していく企業の株式に投資すれば、そのまま海外の経済成長を取り入れることができる。あとで説明するけれど、株式投資とは、自分の代わりに投資先の会社に働いてもらうこと。会社が儲かれば、その分株主（株を購入した人）に還元されるのだ。

もっと言えば、**日本企業であっても、「上場している」というだけで、少なくとも日本全体の成長率よりも高い成長率**だったりするわけだ（上場している時点で、一定程度の成長が見込めると考えられているわけだからね）。

だから四の五の言わずになんでもよいから株式に投資しておけば、少なくとも日本経済全体の成長率よりは高いリターンが得られる。「あの会社は給料高くていいな」、「うちは一流企業ではないしな」と言っているよりも、その会社の株を買って一緒に成長を享受したほうがよっぽどよいわけだ。

そして、株式投資はある程度の基本を身につければ、誰でも資産を増やすチャンスに恵まれる。だから、非上場の中小企業に勤務していたり、あるいは公務員として働いていたりする人ほど、とりあえず株式に投資しておけば、何らかの成長を自分の懐に取り入れることができるといってもいいだろう。

どんな場所でも、どんな職業に就いていても、経済成長の恩恵にあずかれる。それが「株式投資」のいいところだ。まして今後の成長が望めない今、誰もが知っておくべき知識だと思う。

そしてここで学んだお金の話は、きっとこれからのあなたの仕事でも役立つはずだ。お金の話はビジネスの共通言語。必要な時に自分をアピールしていけるだろう。

さあ、これから講義をはじめていこう。

東大生が学んでいる
一生役立つ株の教科書

Contents

第2章

「何を買うか」——銘柄選びと短期投資

ROEは8%が目安になる／ROEが高い企業は、株価も高いまま維持されることが多い

第3章

「売り買いのタイミングをどう考えるか」
――長く続けてしっかり儲けるために

※本書は投資をする上で参考となる情報の提供を目的に作成しており、本文中の記述は著者の経験や調査結果に基づくものではありますが、確実なリターンを保証するものではありません。本書を参考にした投資結果について、著者及び本書の発行元は一切の責任を負いません

※本書の登場人物は架空のものです

登場人物紹介

桜田健司　大学3年生。経済学部。論理的で経済・金融まわりの話は得意。外資系金融への就職を希望して研究会に入る。ゲームが好き。

安田孝　大学3年生。農学部。超安定志向。できれば実家を継ぐか地元の農協で働きたかったけれど、東大まで行ったんだから違うところに就職したらと両親に言われ、銀行とか公務員とか、安定したところに就職したいなと思っている。お金も時間もないからと彼女とは週1で学食で会うだけになっていて愛想をつかされそうになっている。

狩野美咲　実は別の私立大学の2年生。商学部。お金が好き。ビットコインを人から勧められて持っていた時期があるが、買ったもののどうしていいかわからなくなっている。

先生　外資系金融機関、ヘッジファンドで長年ポートフォリオ・マネジャーとして仕事をしている。

第1章

プロだけが知っている本当の「株式投資」の基本

Chapter 1

そもそも「投資」ってどんな仕組み？

せっかく研究会に入ったのだから、早く儲かる方法を教えてもらいたいな！　私今からFIREを目指してるし！　FIREって、「Financial Independence, Retire Early」で、「経済的に自立をして早期リタイアする」ってことなんだって。

「早期リタイア」って、まだ仕事もしてないのに、いくらなんでも早すぎでしょう？　僕は投資自体に心配なところがある。失敗したら損しちゃうし金融商品だってたくさんあるし。みんなどうやって選ぶんだろう。

僕は金融のプロが何を考えて投資をしているのか知りたいな。

投資する対象は本当にたくさんある。なかにはプロの投資家でなければアクセスできないものもあるけど、この30年くらいで金融の自由化が大きく進んだから、最近は個人ができる投資の幅が格段に広がっているはずだ。

個人でもできる投資対象をざっとあげると、次のようなものだろうか。

- **株式**
- **債券**
- **投資信託**
- **外国為替（FX）**
- **不動産**
- **コモディティ（金、プラチナ、先物取引など）**
- **暗号資産（ビットコインなど）**

このすべてに共通するものだけど、「投資」ってどうして利益が出るのかわかるかな？

たくさんの人がほしがればそのものの価格が上がるし、そうでなければ価格が落ちますよね。その差を利用して儲けているのではないでしょうか。

一言解説

[債券] 国や企業が出資を募るために発行するもの。株と違って満期がある。国債が有名

そう。「これから値が上がるかもしれない」と思って安いうちに買っておいて、「それが高くなったら売る」ということをしているよね。株式なら、会社が今後成長するかどうか、為替なら日々動く通貨の価値を見て低い時に買って上がったら売る、ということだよね。だから、投資では**「何を買って」**、**「いつ売買するか」**が大事なんだよ。

プロの投資家と普通の人の違いはどこにある？

投資なんて、はじめてしまえばそんなに難しいものではないですよね。

そうだね。ただ、投資できることと、投資することによって着実にリターンを積み重ねていけることとは別の問題と言ってもいいだろう。孝くんの言う通り、損することもあるし、そのまま放ったらかしになることもある。

わかる。人に勧められて、ビットコインを持っていたんだけど、「なんでこんな動きにな

ってるのー！」って思って、その後、怖くてチェックしなくなっちゃったんだよね。

そこがひとつ、投資で儲けられる人と、そうでない人の違いかな。

投資で大事なこと

・何を買って
・いつ売買するか

プロの投資家は自分たちが責任を持って負うことのできるリスクが何であるのかをしっかり見極めたうえで、投資するかどうかを決める。つまり、**「これからどれだけ上がるのか」が判断できる指標や根拠がなければ、プロは投資をしない**んだ。

ちなみに僕が今言っている「プロの投資家」とは、お客様からお金を預かって運用する人たちのこと。

僕もその1人なんだけど、運用するのが自分のお金だけだったら、失敗して損したとしても、その被害は自分1人が負えばいい。そりゃ、損をするのは嫌だけど、自分がじっと我慢すれば済む話だ。

でも、人様のお金を運用して取り返しのつかない損を出したりしたら、大勢の人たちに迷惑がかかってしまう。

だから、自分たちが、その価値の見積もり方がわからないものには投資しない。「儲かりそうだから」とか、「他の人が投資して儲かっているから」という理由で投資するようなことは絶対にしない。

プロは失敗できないってことですね。

でも、みんなも失敗したくないでしょう？

もちろんです！

世の中にはたくさんの投資の手法があるけれど、僕が見て感じるのは、何の根拠もない、自分だったら手を出したくない方法も世の中に少なくない。

実際、投資にあたっては、普通の人がしっかり勝っていこうとするのは、なかなか難しい。**急に株価が下がった時に、多くの人は「なぜ下がったのか」がわからなかったりするけれど、僕らプロは、それを見越して動いていたりするからね。**

でもそれを知らずに根拠もない投資方法や、証券会社のほうにメリットがあるような商品を勧められて、「思ったようにうまくいかない」という人も株をやっている人の中には多いんじゃないかと思う。

だからここでは、みんなに、「普通の人」が株で利益を上げていくための方法を、投資のプロの視点で教えていこうと思います。わからないことがあったら聞いてね。

公式

根拠のない投資ではなく、「わかる商品」に投資する

Chapter 1

プロが投資する商品、投資しない商品

先生だったら、どの商品には投資しないですか?

今話したように、その価値をどう考えたらいいのかわからないものには、投資しない。具体的にあげていこうか。

¥【外国為替・FX】

プロの目から見て、「まあ、これには投資しないだろうな」というのは、外国為替とFX。外国為替は、他の国の通貨を買うこと。たとえば1ドル100円の時にドルを買って、1ドルが120円の時にドルを売って、差額で利益を得る、という投資だ。

なかでもFXは、外国為替取引の中でも、自分の資金を証拠金として金融機関に預けることで、**自己資金より多額の資金で運用し、より多くの利益を出そうとする**商品。ただし、**額が大きい分損失も大きくなる**ことに注意が必要だ。

ＦＸは自分が持っている資金以上の大きな額で運用できるため、個人の間で人気を集めているけれども、自分だったら投資はしない。

先ほど説明したけれど、投資は、これから価値が高まりそうなものに投資して、その差を利益にする、というのが基本的な考え方だからね。だから、ちゃんと本質的な価値が計算できて、明らかに割高となれば自然と売りが出てくるし、割安となれば自然と買いが出てくる。

でも、外国為替の場合、**なぜそれが「100円なのか」については明確に説明ができない**んだよね。外国為替取引って、物価などの指標を見れば長期的に今後上がるか下がるかはわかるのかもしれないけれど、短期的には需給や金利動向によって価格が変動するので、再現性高くリターンを上げるのが難しいんだよね。価値の見積もり方がわからないものには投資しないほうがいいという考え方だ。

だとすると、株はわかるんですね！

一言解説

［需給］需要と供給

たとえば、株なら、それを発行する企業が今後儲かりそうかどうかは、世の中の動きや企業の動向を見ていれば、ある程度は見えてくる。これはバリュエーションと言って確立された手法があるので、あとで紹介します。

ちなみにFXは**「信用取引」**と言われる取引の1つになっている。信用取引とは、自分の資金などを担保に、金融機関からお金を借りて投資する、というもの。これは目論見通り上がれば、最初の資金が多いだけに通常以上のリターンを得ることができるのだけれど、下がってしまったら多額の借金になる。FXには、そうならないための仕組みを金融機関で設けているけれど、防げないケースもある。
だから投資をするなら、自分のお金でやるほうがいいと思う。自分のお金がなくなるだけで、借金にはならないから。

損も借金もしたくないな——。

【コモディティ（金・プラチナなど）】

コモディティは、金とかプラチナなど、現物を取引の対象とするもの。**先物取引**と言われることもあるね。「金投資」はみんなも聞いたことがあるかもしれない。

投資の対象は幅広く、貴金属や原油、天然ガスなどのエネルギー、アルミニウムやゴムなどの工業品、それ以外にはオレンジジュースとか豚肉、米、大豆、小豆、小麦といった食糧品がある。これらの先物取引が米国などでは活発に行なわれているんだけど、たとえば「米の本質的な価値を計算しろ」なんて言われても、誰もできないでしょ。**これも「価値」の見積もり方がわからないのでおすすめできません。**

¥【暗号資産】

判断が難しいのは、暗号資産。

まず、基本的にはビットコインなどの暗号資産は、価格変動があまりにも大きすぎて、安心して持ち続けられない。だって、ビットコインの価格って、2021年4月14日に1BTC=700万円台に達したところから急落して、5月15日の安値が323万円だからね。たったの1か月で半値近くまで値下がりするんだから、こんなものを持っていたらストレスで病んでしまいそう。

若い人たちでビットコインやイーサリアムなどの暗号資産を買って、大きく儲けたなんて話を聞くけど、暗号資産も理論的に計算できる本質的な価値というものが今は

一言解説

[株価は何で決まるか] 株価については、DCF法（ディスカウント・キャッシュフロー法）と言い、将来企業が生み出すキャッシュフロー（現金）を現在価値に割り引いて、その企業の理論価値（本質的価値）を算出する方法がある。したがって株価には計算上の適正株価が存在し得る。外国為替・現時点の暗号資産・コモディティにはこうした適正価格がない。外国為替の購買力平価も超長期の分析の一助にしかならない、ということ。深く知りたい人のための説明

わからない。**本質的な価値が計算できないと、値下がりが続いた時は「もっと下がるんじゃないか」となって、いつまで経っても買いが出てこないし、値上がりが続くと「上がるから買う、買うから上がる」の無限ループになり、とことん値上がりしてしまう**。とてもじゃないけれども、人様のお金を預かって、この手のものに投資するわけにはいかない。

大化けする可能性はあるけれど、今のところは「わからない」としか言いようがない。

今はまだ本質的な価値がわからないからビットコインって値動きが激しいのかもしれないですね。

プロも手を出さないような投資対象は、個人でも手を出さないほうが無難だね。もちろん、リスクをわかっていて、遊び半分に投資するのはよいけれども、それは資産形成とはまったく違う、半ばギャンブルに近い投機であることを認識しておこう。

¥【不動産投資】

不動産投資は、価値は計算できるのだけど、**個人にはおすすめしません**。

不動産は相対取引といって、物件の売り手と買い手がお互いに条件を出し合って、一対一で売買を成立させているのだけど、それだけにクローズドな部分があるよね。たとえば株式の場合は取引所を介して売買するので、価格に透明性があるけれど、不動産はそこが今ひとつ不透明だ。個人がプロを相手にしてより有利な条件で売買できるなどとは、到底考えられない。つまりプロのカモにされて終わるリスクが高い。

それに現物の不動産になると、投資するのに多額の資金が必要になるし、買ってしまったらいつでも簡単に売却できるものではない。建物を誰かに貸しだして家賃収入を得れば、おそらく債券や預金よりも高い利回りは期待できるけど、修繕費などは大家さんの負担になるので、**トータルで見たらそう良い利回りではないかもしれない**。

僕は投資はちょっと心配で……。銀行に預けているだけじゃダメなんでしょうか?

¥【銀行に預けた場合（預金・定期預金）】

預金は一定金額までの元本が保証されている反面、金利がめちゃくちゃ低い。特に今はひどいもので、メガバンクの定期預金などは預入期間や、預入金額の多寡に関係

一言解説

［元本］最初に投資したお金のこと

なく、**年0・002%程度**。たとえば１００万円を10年間預けたとしても、返ってくる利息は２００円です。しかも、そこから20・３１５%が源泉課税されるので、実質的に得られる手取りの利息は１６０円程度。いつでも現金化できるのはメリットの１つだけれども、これでは運用していることにならないし、ＦＩＲＥ達成なんて夢のまた夢だ。

次に、これはやってもいいと思える商品の話だよ。

¥【〈プロが勧める金融商品〉債券】

国や地方公共団体、企業が借り入れる目的で発行するものであるため、その企業が破綻しない限り元本が戻ってくるのが特徴。株は元本が戻ってくる保証がないから、その意味で株より安心かもしれない。ただし、たとえば現在の**10年物国債の利回りは、SBI証券で扱っているものを見ると、この5年間でマイナス0・2%からプラス0・2%**。そこから税金も引かれるから、そんなに魅力的なものではないと思う。

¥【〈プロが勧める金融商品〉投資信託】

投資家から集めたお金を、運用会社のファンドマネジャーなどがまとめて株式や債券などに投資するもの。多くの人から集めたお金で分散投資ができたり、専門家に資産や銘柄選びを任せられることが強み。だが、安くない手数料を取られる点がデメリット。

¥【〈プロが勧める金融商品〉株式】

あとで詳しく説明するけれど、株式は企業から見れば事業を行なうための資金を集めるために発行するもの。投資家は、それを購入することで、経営に参画できたり、その企業の利益を分けてもらったり（配当金）することができる。また値上がりした時に売ることで、差額の利益を得ることができる。元本は保証されないけれど、**平均しても5～9%**の利回りが期待できるといわれる。

このように消去法で考えていくと、個人でも比較的手軽に投資できる商品は、株式と債券、それらを組み合わせてパッケージ化した投資信託あたりに落ち着くのだけど、債券は超低金利でまったく収益面の魅力がない。ということで、個人なら、投資信託か株式。ただし投資信託は信託報酬など手数料も高いので僕は株式を勧めたいです。

様々な投資商品

おすすめ度	商品	説明
×	**外国為替・FX**	他の国の通貨に投資。FXは証拠金を預けることで多額の資金を運用できる仕組みになっている
×	**コモディティ（金・プラチナなど）**	金やプラチナなど現物に投資
△	**暗号資産**	ビットコインやイーサリアムなどの暗号資産への投資。大化けする可能性も？
×	**不動産投資**	マンションなど不動産への投資。一見利回りは高いが、取引の不透明さ、初期投資の額が高く維持費用もかかる
△	**銀行（預金・定期預金）**	利回りが低く収益面で期待できない
△	**債券**	利回りが低く収益面で期待できない
○	**投資信託**	株式や債券などをパッケージした投資商品。手数料が高い
○	**株式**	企業が発行する株式に投資。正しく投資すれば収益面でも良好

投資信託のメリット・デメリット

投資信託ってどういうものですか？　リスクが少ないなら、知っておきたいです。

個人投資家の中には、自分で銘柄を発掘して投資するのではなく、銘柄選びをプロに任せて運用してもらう「投資信託」という仕組みを用いて株式投資をする人もいるね。

先ほども説明したけれど、投資信託の仕組みのいいところは、複数人の投資家からお金を集めて、そのお金をプロが運用していくこと。株や債券などいくつかの商品に分散投資することが多いので、リスクを分散できるということだ。

最近は**「つみたてNISA」**や**「iDeCo（個人型確定拠出年金）」**などの非課税制度を利用して、投資信託の積立投資を行なっている個人も増えている。

「つみたてNISA」や「iDeCo」は国が長期投資を広めるために作った制度だから税制優遇もある。特に「つみたてNISA」は金融庁お墨付きのファンドが前提

一言解説

[つみたてNISA] 長期的な積立・分散投資で資産形成をするための税制優遇制度。一般的な積み立てよりも税金面で得。ちなみに「NISA」は株でも使える

[iDeCo（イデコ）] 毎月掛け金を積み立てることで自分で年金を作る制度。こちらも税制優遇がある

になっているので、安心感はあるかもしれない。

リスクがないならこっちのほうがいいかな……。

投資信託もよいと思うけれど、何に投資されているのかは知っておいたほうがいい。デメリットとしては、**①運用者と購入者の目的が違う、②手数料が高い**といったことがあげられる。①については、簡単に言えば、購入した人はできるだけお金を増やしたいけれど、運用者は、たとえばＴＯＰＩＸをベンチマークにしているファンドであれば、とにかくＴＯＰＩＸより成績が上がればいいということで運用するので、どうしてもずれが出てきてしまうんだよね。たとえば、投資信託の運用担当者から「ＴＯＰＩＸは30％下がりましたけど、こちらのファンドは28％しか下がりませんでした」と言われたらどう？

28％も下がったんでしょ？　ふざけんなって思うかも。

（笑）。②の手数料については、買う時には販売手数料、持っている時は信託報酬、解約する時には信託財産留保額というものがかかる。

一言解説

【TOPIX】東京証券取引所一部市場に上場されている全銘柄の時価総額を指数化したもので、要するに東証一部市場全体の相場の方向性を示すインデックスのこと販売手数料は申込金の数%などと会社ごとに決まっているけれど、「ノーロード」といって、販売手数料がかからないものもあるよ。さらに信託報酬は年率0・1~0・2%、信託財産留保額は0・2~0・3%程度必要になる。

結構かかるんですね。

公式

投資するなら、株式か投資信託がおすすめ

Chapter 1

「株式」投資ってどんなもの？

考えたら僕は「株」についてもよくわからないんですよね。ただなんとなく怖いな、と思っていますけれど。あらためて「株」について説明してもらってもいいですか？

簡単に言ってしまえば、「株」は、**企業がお金を集める手段の1つ**だ。何か事業を行なったり、運営していきたいとして、その資金を調達する方法は大きく分けて2つある。その1つは金融機関からの融資、もう1つが投資家から資本を募ること。代表的な例が株式を発行する、というものだ。後者は出資と言われるね。

出資者はその株式を購入することで企業にお金を融通する、企業はその出資してもらったお金を使って事業を運営する、そしてそこで利益が出たら、株式を持っている出資者に配当する、ということだ。ただし、その企業の利益が出なかったり、倒産してしまったりしたら、出資者に渡すお金もないので、配当金はもらえない。

資金調達というのは、企業が必要なお金を調達するということね。

企業から見て、金融機関から融資を受けるのと、株式を発行して出資を募るのとは何が違うのですか？

何が違うと思う？　ヒントは、前者は「負債（より狭義には有利子負債）」、後者は「株式（より狭義には株主資本）」と呼ばれている。

負債は借金ですよね。だから当然、約束の期間内に利子をつけて返済しなければならないですよね。

でも、実際に資金調達にかかる企業のコストは株式を発行するほうが高いんだ。なのになぜ企業は株式を発行するんだろう。

借金じゃないから、返さなくていいのかな。

そう、株式を発行することで調達されたお金は、負債とは違って投資家に返済する義務をいっさい負わないんだ。

え！　**返済する必要がないお金なんて、企業にとって最高じゃないですか！**

株式投資のメリットは「配当金」・「株主優待」と「売却益」

でも、先ほど話したように、実は資金調達にかかるコストという点では、銀行からの融資に比べて、株式発行によるほうがはるかに高くついてしまうんだな。

資金を提供する側からすれば、「見返り」がなければ投資はしないよね。銀行融資なら、その見返りは「利子」になる。株だって、当然、「お金は出してあげるけど、それで私にはどんなメリットがあるの？」という話になる。この「見返り」の部分が企業にとっての資金調達のコストになる。

株式の仕組み

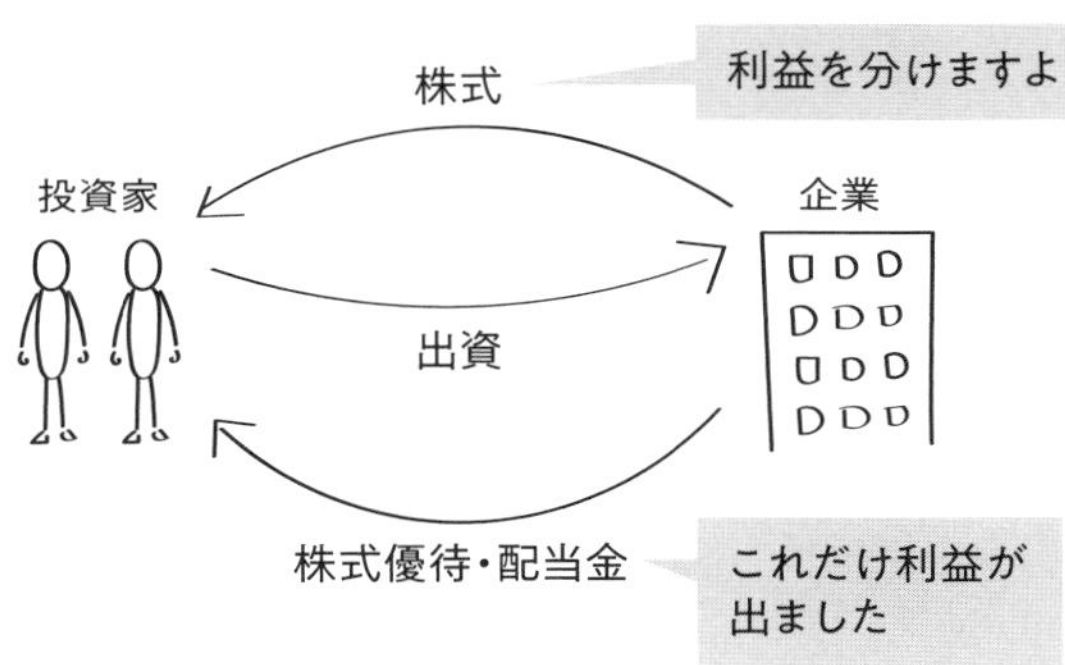

じゃあ、株式を買うことの見返りといえば……。

企業が提供する「見返り」として、直接的なものには、**「配当金」と「株主優待」**がある。

株式の場合は、その企業の業績が上がって利益が生じた時、その利益に対する応分の分け前が見返りになると思っていい。それが配当金だ。

会計に少し詳しい人なら「利益」といってもいろんな利益があることは知っているよね。営業利益や経常利益など、損益計算書を見るといくつかの利益があるんだけど、株主が分け前として得られる利益は、その企業が事業等を通じて最終的に得た利益（税引前当期純

一言解説

［損益計算書］ 会社の利益のわかる決算書類。決算書類には、ほかに貸借対照表とキャッシュフロー計算書がある

利益）から税金を差し引いた後に残る「税引後当期純利益」のことだ。この最終的に企業に残った利益は、企業のものでも従業員のものでもない。もちろん債権者のものでもない。すべて株主のものなんだ。

ともかく**「最後に残った利益」を株主で分ける**って考えておけばいいわね。

株主優待は、株を買ってくれた株主に対して、自社の商品なんかをくれる制度ですよね。

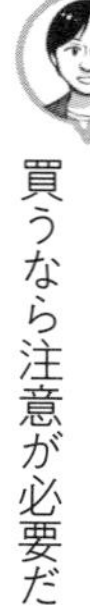

株主優待は、「権利付き最終日」まで持っている人に権利があるから、株主優待目当てで買うなら注意が必要だね。

さっきの「なぜ企業は株式を発行するのか」だけど、銀行は企業に「きちんと返済してくれること」を求めるし、株主は「企業が成長してくれること」を求める、ということになるのかな。

いいところに目をつけたね。銀行から借りた場合、企業が成長しなかったとしても、と

一言解説

[権利付き最終日] 株主の権利を取得するためには「権利確定日」に株主名簿に掲載されていることが必要。ただし株主名簿に記載するための時間がかかるため、株主優待などを狙う場合は、その2営業日前の「権利付き最終日」までに株を持っておく必要がある

どのお金が株主に分配されるの？

売上高から

- 原価を引く
- 営業・PRにかかった費用を引く
- 業務に関する上記以外の費用・収益を足し引き
- 業務外の費用・収益を足し引き
- 税金を引く

色々と足したり引いたりした最終利益
【税引後当期純利益】を株主に分配

にかく利子とともに貸したお金が無事に返済されれば、それでよいということになる。逆に、銀行にとっては余計な成長を狙って無茶な投資をされるほうが困るくらいだ。

でも**株主は債権者とはまったく視点が違う**。株主にとって大事なのは、企業の成長だ。なぜなら、最終的に残った利益がすべて株主に帰属するからなんだ。

企業が成長すれば株価は上昇する。しかも決算ごとに株主が受け取る配当金は、最終的な利益である「税引後当期純利益」をベースにして決められるので、利益が大きくなることを望むのが普通だ。

したがって株主の場合、債権者のよう

株式投資の特徴

株式投資で得られるもの

・株式を購入してその会社に出資する（株主になる）

・メリットは、配当金（年1～2回）、売却益、株主優待

注意点

・出資なので元本が割れることもある

・その企業の定める権利確定日の前に売ってしまうと配当金・株主優待はもらえない

に「成長を確保するために危ない橋を渡られるよりも、安定的な経営を望む」と考えている人はごく一部に過ぎない。投資先である企業には、どんどん成長してもらいたいと思っている。そうすれば、**企業がどんどん大きくなっていくのに伴って、株主が企業から受け取ることができる見返りも、どんどん増えるからだ。**

でも、ずっと成長し続けられるわけではないですよね。

そう、これは両刃の剣というのも事実なんだ。企業がどんどん成長している間はいいのだけれども、逆に成長できなくなったり、景気の悪化に巻き込まれたりし

たら、あっという間に企業は倒産してしまう。**倒産したらどうなるかというと、株主として投資したお金が戻ってこなくなっちゃう。**

つまり株式は、企業にとってそれを発行することによるコストが非常に高く、一方で投資家側にとっては、企業の経営がうまくいかなくなった時、最悪のケースについて言えば企業と共倒れになるだけのリスクを覚悟しておく必要があるんだ。株主になるということは、投資先企業と運命共同体になるのと同じことなんだよ。

だから株式は元本が保証されないのね。その分、配当金・株主優待があるし、**値が上がった時に売れば売却益が得られる。**3つのメリットがあるわけね。

公式

株式は投資先企業と運命共同体になるのと同じ。その代わり、配当金や株主優待があるし、値上がりした時に売れば売却益が得られる

一言解説

ちなみに配当金のことを「インカムゲイン」、値上がり益のことを「キャピタルゲイン」と呼ぶ

Chapter 1

株式市場は不公平？

株式について一通りわかったところで、早速儲かる方法を教えてください！

いや、ちょっと待って、「株式市場」ってどんなところなんですか？

どんなところって、東証とか大証とか言われるところじゃないの？

いや、そうなんだけど。売ったり買ったりがあるってことは、相手がいるってことでしょ？　ゲームでもマップと敵キャラみたいなのがある程度わかってないと、動きづらくない？

（桜田さんって、世の中をずっとゲームみたいに見てるわけ??）

個人でも比較的手軽に参加できるのは株式市場だなどと言っておきながら、「一体なんなんだよ！」と思うかもしれないけど、実は、株式市場は結構、不公平にできているということを、君たちに言っておく必要があるだろう。

株式市場では、大体こんな人たちが売り買いをしている。

- **政府**
- **金融機関（証券会社、銀行、ヘッジファンド、信託銀行など）**
- **外国法人**
- **個人投資家（デイトレーダーなどの積極的な人たち）**
- **一般的な個人投資家**

たまに「機関投資家」というのも聞くけれど、生保・損保、海外の投資家など、なかでも巨額の運用をしているところのことだ。

こうした人たちが、知り得た情報をもとに株を売り買いして、「儲かった」「損し

株式市場で売買をしている人たち

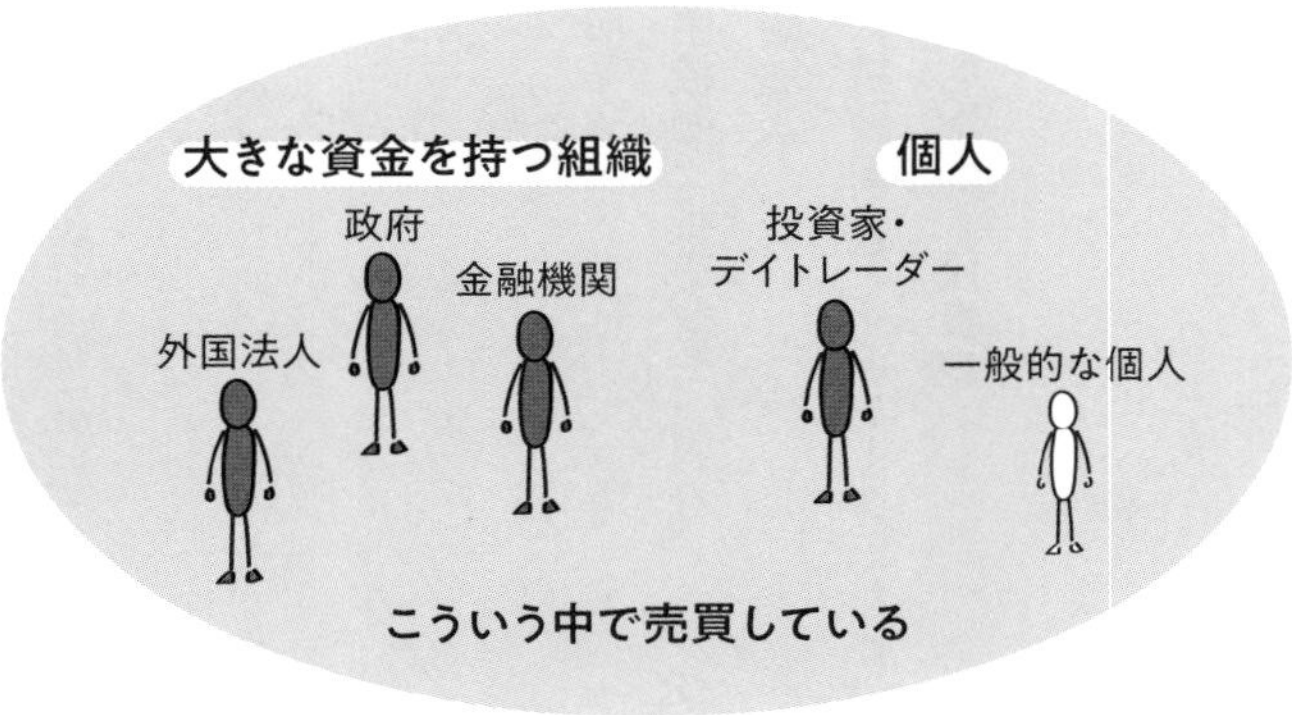

大きな資金を持つ組織

個人

政府

金融機関

投資家・デイトレーダー

外国法人

一般的な個人

こういう中で売買している

た」などと言っているのが株式市場だ。儲けた人がいる一方で、損した人もいる。

なぜ、不公平が生じるのですか？

その理由は、得られる情報の質と量にある。

株価はなぜ動くのかわかるかな？

何らかの情報を得て、「今買うと儲かる」とか、「今売らないと損だ」とか考えて、株を売ったり買ったりして、それで動くわけですよね。

世の中全体の「市場要因」とその会社独自の「個別要因」

そう。では、そこで株価が動く要因となる情報というと2つある。

1つはマクロ経済など外部環境から受ける影響だ。まあ、簡単に言うと景気が良いとか悪いとかいう話であって、当然のことながらこれは株式市場全体に影響を及ぼす。これを**「市場要因」**と言うんだ。

もう1つは個別企業の業績やニュースにまつわるもので、これを**「個別要因」**と呼んでいる。たとえば「A社の今期の経常利益が前期よりも20％増になった」とか、「B社の顧客情報が流出した」とか、あるいは「C社が新商品の開発に成功した」といった類の話だ。

業績が堅調に推移している企業があるとしようか。業績が堅調なのだから、株価は当然、上昇傾向をたどると思うだろう。

ソニーとTOPIXの株価推移

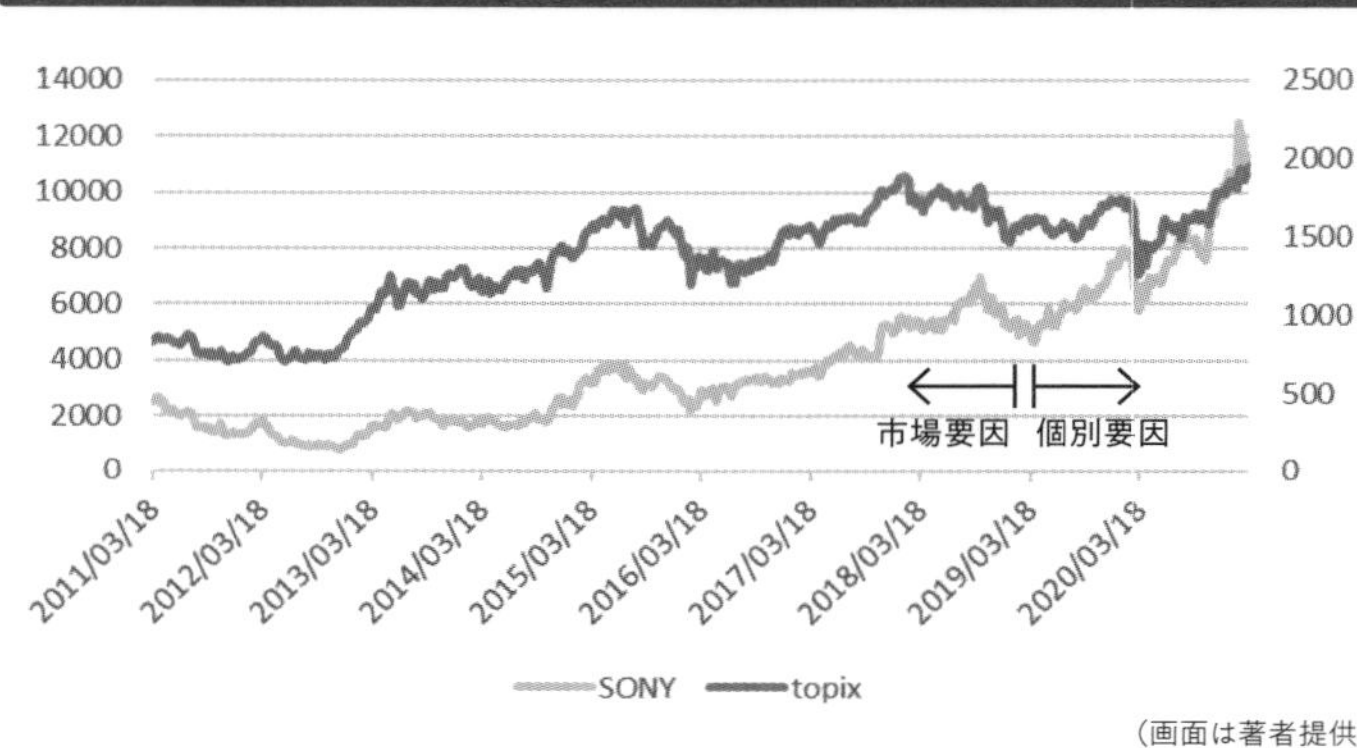

（画面は著者提供）

でも、たとえばリーマンショックのような、**世界中の株式市場を巻き込む金融ショックが起こったりすれば、どれだけ業績が良い企業の株価も下げる。**それは株価が、個別要因を上回るだけの強いインパクトを持った市場要因の影響を受けたということだ。

事例として、上のソニーの株価を見てみよう。

グラフは、ソニーの株価とＴＯＰＩＸ（東証株価指数）の推移を比較したものだ。２０１１年３月からの推移を見ると、ソニーの株価は２０１８年の初頭まで、緩やかな上昇傾向をたどっているのがわかるだろう。そして、ＴＯＰＩＸの値動きを見ると、上昇率に差はあるけれども、ほとんどソニーの株価と同じだ。つまりＴＯＰＩＸが上昇すればソニーも値上がりし、ＴＯＰＩＸが下落するとソニーも値下がりしている。

これは、２０１８年の初頭にかけてのソニーの株価が、もっぱら市場要因によって上昇していたことを意味する。

でも、この頃って、ＩＴバブルが弾けてソニーも低迷した時期なんだよね。

その後、２０１８年3月に大幅に黒字転換して、その後勢いよく伸びている。「ソニー復活」と言われた頃だ。ここで、ＴＯＰＩＸの動きとは関係なく上がっていっているけれど、ここは「市場要因」ではなく、「個別要因」で伸びていると考えられる。

株価を動かす要因には「市場要因」と「個別要因」の2つがあるんですね。

さて、ここで考えたいのは、市場要因と個別要因について**情報の非対称性**がどの程度あるのかということなんだ。

情報の非対称性が投資の有利・不利を分ける

情報の非対称性？

情報の非対称性というのは、一方では伝わっている情報が他方では伝わっていないなど、取引参加者が持っている情報に差があることを指す言葉だよ。

そして、その**情報格差は確実に取引の有利・不利を分ける**。たとえば、新製品の先行きを人より先に見極められたらどうだろう。多くの人は新製品が売れているという情報を知ってから、急いで株を買うことになるわけだから、実はその新製品の売れ行きが予想より良さそうだという話を聞いていれば、多くの利益を得るわけだ。個人投資家が株式投資で勝つためには、少なくともプロ投資家に対して情報面で大きく水をあけられているようなエリアでの勝負を試みたら、結果はわかっている。ほぼ確実に負けます。

実際に起こり得ることとして、たとえば急に自分が持っていた株の価格が下がったとしよう。何も知らなければ、「これはまずい」と思って急いで売ってしまうかもしれない。でも、個別に情報を聞けるプロは「大きく売られるけれど、一時的なものですよ」などと、その企業や証券会社から聞いているかもしれない。だったら、慌てることはないし、むしろその時に買いにいけるかもしれない。でも、そうした情報が入らない個人は、慌てて売ってしまったものの、その後順調に株価が上がっていったら、「あの時売らなければよかった」と思うよね。そういうことは、実際起こりがちだと思う。

だからこそ、**市場要因と個別要因の中で、個人投資家がプロ投資家と同等に投資できるのはどのエリアなのかということを、しっかり理解しておく必要がある**んだ。

公式

プロと個人では情報格差がかなり大きいことを知っておこう

Chapter 1

株式投資で、チェックしておきたい情報とは？

そもそも株式投資をするために、どんな情報が必要なのかも知っておきたいから、情報に関しても教えてください。

GDPなどの経済指標は、実はそんなに見なくていい

では、まず市場要因から。

市場要因は株式市場全体の値動きに影響を受けるものなので、個別企業の業績云々(うんぬん)というよりも、どちらかというとマクロ経済の動向に大きく影響を受ける。

たとえばＧＤＰや景気動向指数などの経済指標、消費者物価指数（ＣＰＩ）などの

主なマクロ経済の指標

GDP （国内総生産）	一定期間内に国内で新たに生み出されたモノやサービスの付加価値のこと。昨年と比較してプラスであれば、株価が上昇しやすいと言われる
景気動向指数	景気に敏感に反応する指標の動きを統合した指標。景気が良ければ株価は上がる
消費者物価指数 （CPI）	全国の世帯が家計のために購入したモノやサービスの価格の変動を測定したもの。株価より遅れて反応する指標だが、企業の戦略に影響を与える
鉱工業生産指数	鉱工業製品を生産する国内の事業所における生産の水準を指数化したもの。生産活動が活発になったことがわかるので、上がると株価が上昇しやすくなると言われる

物価動向、鉱工業生産指数をはじめとする企業の生産活動の動向、そして個人消費の動向などがそれに該当するように、マクロ経済は実に多岐にわたる要因から成り立っている（それぞれの指標については上の表にまとめておきます）。

それに加えて、これらの指標を受けて動く金利動向、為替動向による影響も無視できない。

たとえば**消費者物価指数が大きく上昇すれば、国内の金利水準が上昇し、それを受けて株価にも下落圧力が強まる**。金利や為替などのマーケットの動きは、実体経済と密接に関係しており、株価にも少なからぬ影響を及ぼしている。

さらに言えば、市場要因をウォッチするうえでは、日本国内におけるこれらのファクターを理解するだけでは不十分といってもいい。**「米国がくしゃみをすると、日本は風邪をひく」**などと言われるように、日本経済は米国経済の動向から受ける影響が大きい。あるいは最近だと、中国をはじめとする新興国の影響も、無視できない。

したがって、グローバルな経済動向も追いかけてはじめてマクロ経済の分析ができるようになる。

こういう情報は、自分でもインターネットで確認できそうですね。

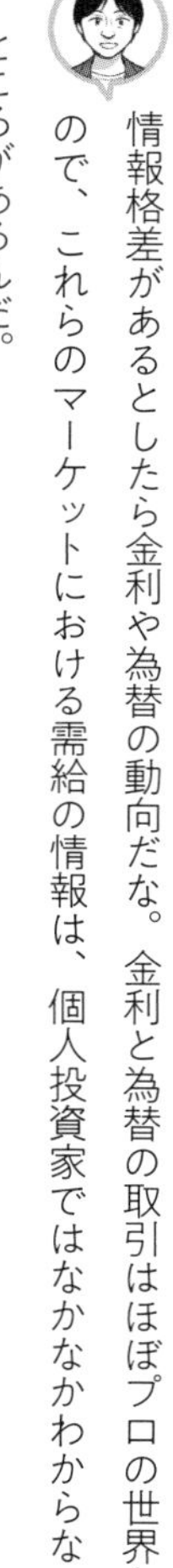

情報格差があるとしたら金利や為替の動向だな。金利と為替の取引はほぼプロの世界なので、これらのマーケットにおける需給の情報は、個人投資家ではなかなかわからないところがあるんだ。

これ全部見るとなると、結構、大変。

といっても、プロ投資家の中でも株式市場を相手にしている人たち、たとえば年金や投資信託の運用担当者やヘッジファンドのマネジャーなどが含まれるのだけど、彼らは**「マクロ経済の予測から将来の株価動向を予測するのは困難」**というスタンスを取っている。

これは実際にやってみるとわかるんだけど、ほぼ無理です。

だから、投資判断云々の前に、株式市場を主戦場にしているプロ投資家は、マクロ経済分析を用いた将来の株価予測は、基本的に行なわないようにしているんだ。

ひとまず、このなんとか指標みたいな市場要因は見なくてもいいわけですね！　よかった！

本当に大事な企業情報は個人には入りにくい

投資のプロは、個別企業の業績などといった「個別要因」の差で、投資に勝っているということですね。

そう、株式市場を主戦場としているプロ投資家が投資先を選ぶ際の基準は、個別要因が過半を占めることになる。個別要因こそが、株式投資の付加価値の源泉ということだ。

では、個別要因には何があるのかを、順を追って説明していこう。

まず重要なのは**個別企業の業績動向やニュース**だ。とりわけ大事なのは**業績**であり、それに関連する情報としては、その企業が属する業種の動向、仕入先や取引先の状況なども含まれる。

業績については、決算書など企業に公表が義務付けられているものは、適宜公表されるし、それはインターネットで簡単に手に入れられる。

だから業績そのものについては個人投資家もプロ投資家も同じ土俵に立っていると言える。

しかし、決定的に違う部分がある。それは、プロの投資家は会社に直接取材できることだ。IR担当者はもとより、望めばCEO（最高経営責任者）、COO（最高執行責任者）、CFO（最高財務責任者）にも会うことができる。プロ投資家はこうした役員クラスの面談が定期的にスケジュールされることも多いので、彼らから聞いた話を定点観測できるのは、投資判断を下すうえで有利になるのは言うまでもない。

また、仮に直接取材していない企業であったとしても、プロの機関投資家は証券会社にとって多額の手数料を落としてくれるお得意様なので、担当者である営業、トレーダー、アナリストから手厚いサポートを受けることができる。アナリストがレポートを書いた後で、その企業に関するニュースが出ると連絡が入るし、決算の直前や直後にはミーティングが組まれる。

そのうえ、海外展開をしている企業の場合、海外での動向が株価に大きな影響を及ぼす状態になると、こうした情報網の違いが圧倒的な差につながってしまうんだ。

これが個人投資家とプロ投資家との決定的な違いだ。

確かに最近は情報量が増えてきているとはいえ、**個別要因という点に関しては、個人投資家とプロ投資家との間にある情報格差は、まだまだ圧倒的であり、プロ投資家に有利と言わざるを得ない**。

だったら、一体どうしたらいいんだろう？

逆にこうしたプロ投資家が入り込めない分野があるんだよ。それについては後で説明します。

公式

プロの投資家が入り込めない分野を探そう

Chapter 1

普通の人が生涯安心できる株式投資とは①
チャートは単なるオカルト？

僕は株式の本もよく読んでいて、チャートの本をよく見かけます。あの手法は、どうでしょうか？

本屋の投資本コーナーに行くと、たくさんの投資本が並んでいる。特に株式投資に関連した本でめちゃくちゃ多いのが、「チャート分析」の本だ。

チャートというのは、もともと「海図」のことで、船を運航する時に使う、海底の地形や水深などが書かれている地図のようなものだ。それが転じて、株価や為替、最近では暗号資産など、**値動きのある資産が過去にどのような値動きをしたのかを記したものを、チャートと呼んでいる**。ネットでもチャートを出しているサービスはいろいろとある。

チャートの例

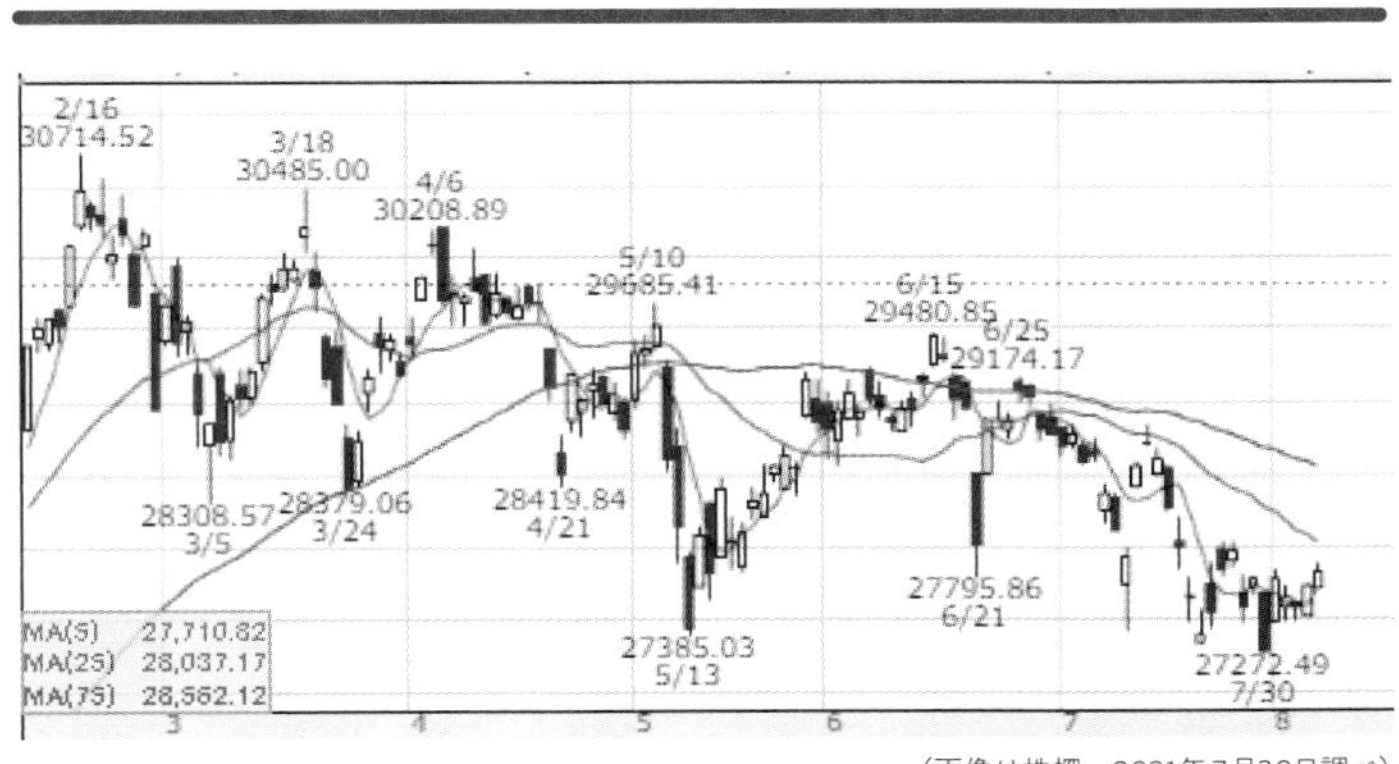

（画像は株探　2021年７月30日調べ）

このチャートの動きを分析することによって、将来、株価などがどのように動くのかを予測することを**「チャート分析」**、あるいは**「テクニカル分析」**と呼んでいて、書店に行くと、とにかくこれに関連した本がたくさん並べられている。

逆に、僕たちプロ投資家が投資判断を下す際に用いているバリュエーション（企業価値評価と呼ばれることがあります）、つまりその企業の価値が、**今後その企業が生み出す価値に比べてどれだけ割高か割安かを弾き出す「ファンダメンタルズ分析」**の本は、本当に少ない。書棚の片隅に追いやられているというのが実態だ。

チャート分析とファンダメンタルズ分析、というのがあるんですね。

なんでチャート分析の本ばかりが並んでいるのか、わかるかい。

それはバリュエーションを理解するのに比べて、チャート分析のほうが簡単だからだ。

こう言うと、チャート分析を信奉している投資家からいろいろ言われてしまいそうなんだけど、僕が知っている限り、チャート分析を用いて株価の将来を予測しているプロの投資家はいない。

いや、こう言うと語弊があるので、より正確な言い方をしよう。

「チャート分析だけで銘柄を選別したり、株価の将来を予測したりしているプロの投資家は少ない」

ちょっとした実験をしてみよう。3つのチャートを用意してみた。さて、これを見て6か月後の株価はそれぞれの取引最終価格に比べてどうなったのかを考えてみてもらいたい。いずれも作り物ではなく、実際の株価の値動きだ。次にあげる4択のうち好きなものを選んでもらいたい。

これから上がる？ 下がる？

[A]

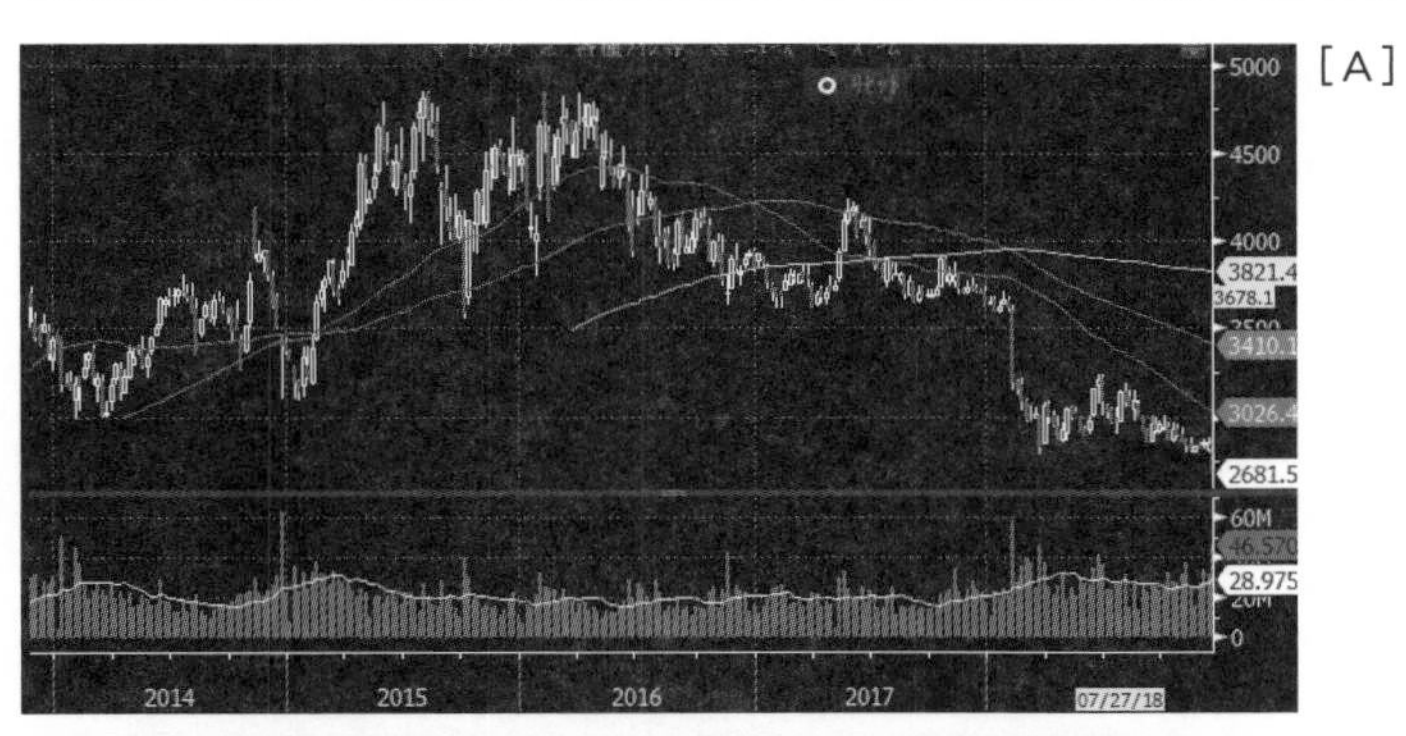

[B]

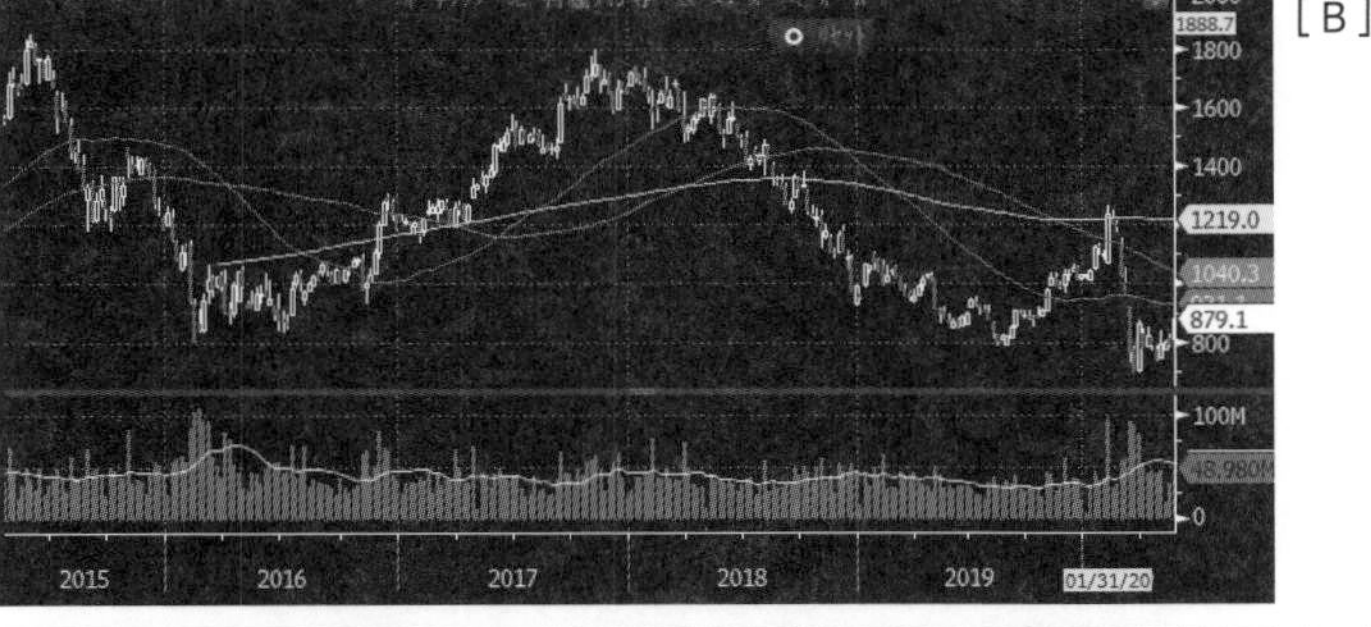

[C]

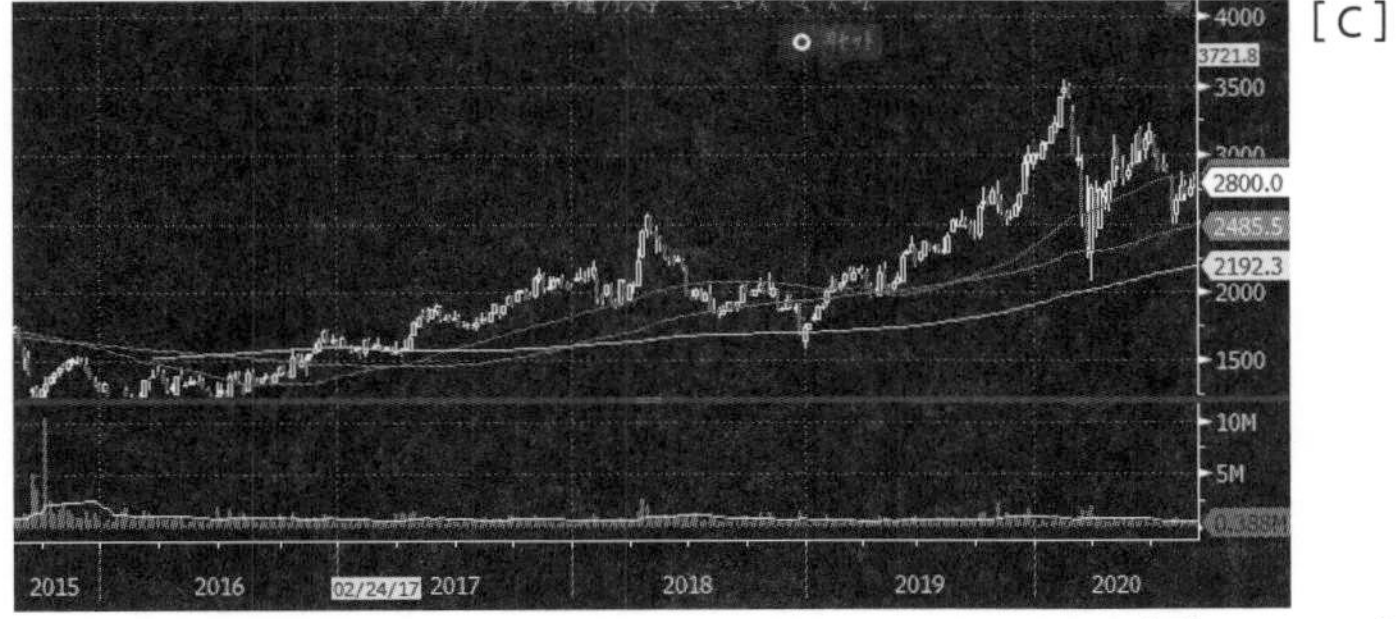

（画像はBloomberg）

①10％以上の値上がり
②10％以上の値下がり
③10％未満の値上がり
④10％未満の値下がり

？

さて、君たちはここにあげた3つのチャートの6か月先を、どのようにして予測するだろうか。

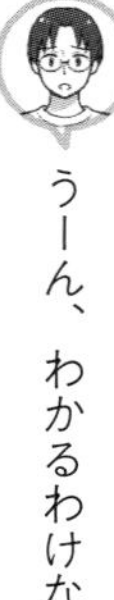

うーん、わかるわけないいな。

［A］はあんなに高かったんだから、また上がるんじゃないかしら？

［A］と［B］は最後のほうの線が白っぽくなっているということは、これから上がっていくんじゃないかな？

勘で答えざるを得ない、という人もいるだろう。勝負勘の強い人なら、結構な確率で当ててくる可能性はある。しかし、それは再現性のある方法とは言えないよね。

将来の株価を、このチャートから予測できると自信を持って言える人はどのくらいいるだろうか。

おそらく、再現性のある方法でここにあげた3つのチャートの6か月後を正確に予測できる人は皆無に近いのではないだろうか。チャート分析というのは、その程度のものなんだ。

では、答えを言ってみよう。

【答え】
チャート［A］の値動きは、7・1%の値下がり
チャート［B］の値動きは、30%以上の値上がり
チャート［C］の値動きは、30%以上の値上がり

ということになった。全問正解者はいただろうか。いるとは思うけれども、おそらく勘が冴え渡った結果として、全問正解したというところではないだろうか。

チャートの本も見ていたはずだけど、やっぱり見方が難しいな。中途半端な見方だと、勘と変わらないのかもしれない。

実は、この話をするにあたって、僕の知り合いであるヘッジファンドのポートフォリオ・マネジャーにある質問をしてみたんだ。何を質問したのかというと、「自分の投資判断において、どの程度、チャートを使っているのか」ということ。で、その答えなんだけど、とりあえず概略を言うと、平均して投資判断の16％くらいはチャートを用いるという結果になった。

もちろん、これは平均値なので、なかには30％くらいチャートに依存しているという人もいたし、ゼロ％という人もいた。ただ、結局のところ「チャート分析で全部OK！」なんて人はいなくて、みんな補足としてチャートを使っているだけだった。

ちなみにプロ投資家の人たちからは、こんなコメントが返ってきている。

「モメンタムがついているかどうかを見るために使っている」

「転換点がどこなのかを判断するのに使っている。特に足の幅を見ている」

「移動平均線からの乖離を見ている」

「3か月と6か月の移動平均線が下がり気味、あるいは26週移動平均線が下がる傾向にあるものは買いを控える」

「モメンタム」とか「移動平均線」とか、ちょっと専門的な言葉があるけれども、そこは気にしなくてもいい。ここで僕が言いたいのは、**「チャートは主ではなくて、あくまでも従の存在である」**ということなんだ。


古今東西、チャートには様々な分析方法がある。「グランビルの法則」とか「エリオット波動」、「ギャン理論」、「柴田罫線」、「酒田五法」など、いろいろあって、それぞれに正当性を主張するもんだから、どれが本当に正しいのかわからない。

しかし、それだけいろいろな方法があるということは、どの方法も正解ではない、ということだ。

だから、僕の知り合いであるプロ投資家の多くが、「チャート分析はあくまでも売り買いの背中を押してもらうだけのこと」と言っているのだ。そして**全員、銘柄を選**

一言解説
[モメンタム] 相場の勢いのこと
[移動平均線] 株価の平均値をとった折れ線グラフ

ぶ時のベースはファンダメンタルズ分析。みんなにもファンダメンタルズ分析を中心に教えていくね。

ファンダメンタルズ分析は、企業の財務状況や業績をもとにして、株式の本質的価値を算出するということですね。チャートはオカルトって言ってたのは、本質的価値で判断しているわけじゃないからか。

公式

チャート分析は再現性に乏しい。プロの基本はファンダメンタルズ分析

Chapter 1

普通の人が生涯安心できる株式投資とは②
デイトレーダーのように画面に張り付かなくても投資で成功できる

時々書籍でも見ますが、デイトレーダーの方っているじゃないですか？　僕は大学もあるし、そんなに画面に張り付いていられないなと思っています。

そんなことは全然気にしなくていいよ。なぜなら、僕たちプロだって、そんなに張り付いて見ていない人が多いから。

ここで言うデイトレードは1日の中で、株価の値動きに乗じて売ったり買ったりを何度となく繰り返す行為のことだ。

ファンドの運用担当者って、基本的にそれほどメディアに取り上げられたりしないから、おそらく運用の仕事といっても具体的に何をしているのか、ということまではわからないのではないだろうか。最近はあまり見ないけれども、今から20年ほど前、株価や為替レートが大きく動くとニュースになって、彼らがスクリーンを睨(にら)みながら大声を上げたり、手を大きく振ったりするシーンが流れてきたものだから、「ファンドを運用しています」などと言うと、あのまんまのイメージを思い浮かべる人が結構多い。

もしくは、個人のデイトレーダーがやっているように、マーケットが開いている間、ずっと売り買いを繰り返しているというイメージを持っている人もいる。

でも、**ヘッジファンドの運用担当者は、それほど頻繁に売り買いを繰り返したりはしない**。

どちらかというと、「今日はこういう経済指標が発表されるので、株式市場にはこのような影響が生じるだろう。その時、自分が持っているポートフォリオにはおそらくこのような影響が及んでくるはずだ。このシナリオが現実化した時、自分はどう動くべきか。あるいは動かないほうがいいのか。もしシナリオが不成立だった場合は、どうすればいいのか」などといったことを考えながら、自分のポートフォリオを見守っているのが、日々の仕事なんだ。

相場の状況を把握しておくために、スクリーンの前で警備をしているというのが、現実の姿だし、運用担当者がいる部屋って、実はとても静かだったりする。

確かに大勢の人たちが何か大声で叫びながら、売り買いの注文をさばいているシーンを思い浮かべるけど、本当は静かなのね。

あれは、ファンドの運用担当者ではなく、外国為替ブローカーと呼ばれる人たちなんだ。とはいえ最近は、この手のブローキングもすべて電子化されているので、スクリーンを黙って見ている風景が一般的になっている。

プロはデイトレードはやらない

話が少し逸れてしまったけど、1日のうちに株式や債券を頻繁に売ったり買ったりするようなことは、運用担当者の仕事ではないということだ。この話を書くのに、僕は自分の周りにいる運用担当者に質問をしてみたんだけど、**96％の人がデイトレードを「やっていなかった」**。

競争優位性のあるデイトレードの手法はないというのがプロ投資家の見方なんだ。

ずっと見てなくてもいいなら、自分にもできるかな。

不安要素のほうが僕には大きいんだけど……。株は怖いって人は、やらないほうがいいんですかね？

いや、僕はやったほうがいいと思っているよ。**怖いなら金額を少なくしてやればいい**。今は**単元未満株（ミニ株）**もあるしね。

通常の株は１００株でないと買えないんだけど、単元未満株と言って10株から購入できる商品がある。なかには５００円程度から買えるものもある。議決権はもらえないけれど、そういうものから慣れていってもいいよね。

それに、残念ながら今は利回りがいい商品はほとんどない。不動産は大体3～4％だし、債券も2～4％くらい。その中で株だけは5～9％と言われている。今後給料が高くなることが望めないなら、資産設計のツールとして考えておくべきものの1つになっていると思う。

単元未満株としては、LINE証券の「いちかぶ」やSBI証券の「S株」なんかがそ

単元未未満株を取り扱う主な証券会社

取り扱い証券会社	名称
SBI 証券	S 株
au カブコム証券	プチ株
マネックス証券	ワン株
LINE 証券	いちかぶ
岡三オンライン証券	単元未満株

うですね。

それに、さっき普通の個人投資家が勝つ方法があるって先生も言ってたし！

でもプロとそうでない人とではかなり差が激しいですよね。大してレベルが上がっていないうちに、常にボスキャラと対戦しないといけないような、そんな感じがします。

そうだね（笑）。ここからは普通の人だからこそできる方法を話していこう。健司くん的な言い方をすれば、ボスキャラは出ないけど、宝物がいっぱいあるような場所はあるよ。

公式

ファンダメンタルズ分析をすれば、「デイトレード」は必ずしも必要ではない

Chapter 1

普通の人が生涯安心できる株式投資とは③

ネットの情報をうのみにするな！

最近ツイッターとかでも**「○○の株は買いだ！」みたいな話が回ってきたりする**じゃないですか？　あれは信じないほうがいいですかね？

株式投資で儲けるには情報が命だ。実際、僕のところにもいろいろなところから、「この銘柄が良い」、「あの銘柄が面白い」という情報がたくさん入ってくる。

でも、その情報がすべて使えるというわけではない。入ってきた情報のまま投資をして儲かったら、こんなに楽なことはないのだけど、残念ながらほとんどの情報は、クオリティーが低い。

で、クオリティーの低い情報を聞かされるのは、時間の無駄だ。時間を無駄にする情報をたくさんもらっても、何のプラスにもならない。冷たい言い方だけれども、それが現実なんだ。

蛇の目ミシン工業という会社は知っている人もいると思う。社名の通り、ミシンを製造している会社だ。僕は、日本のミシンのメーカーについてはあまり関心がなかったんだけど、「蛇の目ミシンが儲かる」という話が入ってきた。気づかなかったんだけど、新型コロナウイルスの感染が拡大していく中で好業績をあげていたんだ。

なんで好業績になったんですか？

新型コロナウイルスの感染拡大がはじまった時、一時的にマスクが品切れになったでしょう。あれでマスクを自作する人が増えたのが一番の理由。それと「巣ごもり需要」といってもいいと思うんだけど、家にいることが多くなったので、服を自分で作ってみようなどと考える人が増えた可能性もあるよね。

直近の業績を見ると、２０２０年３月期決算は、売上高が３５５億２１００万円、経常利益が10億４９００万円まで落ち込んだ。ところが、２０２１年３月期決算は、売上高が４３８億３９００万円、経常利益が50億３２００万円まで急回復したんだ。

株価もどんどん上昇して、２０２０年３月の頃の株価は２００円台だったのが、２

2020年からの蛇の目ミシンの株価

（画像はバフェット・コード 2021年8月5日調べ）

021年2月には一時、980円まで値上がりしたから、約1年で株価はざっと4倍にもなった。なかなかのパフォーマンスだ。

で、当然のことながら周りでも「蛇の目ミシンが儲かる」なんて話がチラホラ聞こえてくるのだけど、**問題は3年後、5年後も利益が増え続けているのかどうかということなんだよね**。何しろ、株価はすでに足元の好業績を織り込んで大きく値上がりしてしまっているからね。

そこで、蛇の目ミシン推しの人に「来期（2022年3月期）の予想はどのくらいを見ているんですか？」と質問したら、明確に答えられる人が全然いなかった。せいぜい「四季報によるとこうみたいですね」という程度。

実際、最初に気づいて買った人は、すぐ売って利益を得たかもしれないけれど、大抵はみんなが気づいた時点ですでに株価は高くなっていてさほど利益は出ないかもしれない。

「会社四季報」はどうですか？

四季報には「独自予想」というのがあって、四季報編集部が独自に企業取材をして来期や来々期の予想を立てるんだけど、それは四季報を見れば誰にでもわかることなのだから、情報の優位性はない。というか、それを知っていることを前提として動いているよね。

優位性の低い情報というのは、①このように簡単に手に入れられる情報や、②単なる感想に近いような内容、あるいは③市場参加者の大半にとって既知の情報のことだ。大勢の人が知っているような情報をもらっても、それはもう株価に織り込まれているから、価値はない。

普通の人とプロの大きな違いは、コンセンサスを強く意識しているかどうか。業績が良い会社でも、市場の期待がそれ以上に高ければ、値上がり益は望めない。投資には、情報と分析という2つの要素がある。皆が知っている情報はすぐに株価に織り込まれるので、価値はない。皆が知らない情報を持つか、人より優れた分析をしないと、短期のキャピタルゲインは望めない。投資をするときは、常にコンセンサスを意識しながら、市場が何を織り込んでいるのかを

一言解説

[コンセンサス] アナリスト等の業績予想の平均のこと。アナリストがついていない銘柄の場合は企業の業績予想でも構わない

考えなくてはならないんだ。

「これからはこんな業界が伸びる！」という情報は？

「これからは再エネだ」とか「人工知能だ」みたいな情報はどうでしょうか？たとえば**「テーマ投資」**ってあるじゃないですか。今後伸びそうな業種やテーマで会社を選んで、投資するもののようですが。今後上がりそうな銘柄が入っているし、いいのかなと思ったりするのですが……。

実際には「テーマ投資」として売られている時には、すでに割高になってるんだよね。まだ上がるからみんな買うんだけど。**出口（いくらになったら売るのか）を決めてからやる**、というのがいいと思うよ。

公式

ネットの情報はほとんど気にしなくていい。テーマ投資は出口を決めて行なう

Chapter 1

普通の人が生涯安心できる株式投資とは④

個人投資家がプロ投資家に勝てるフィールドとは？

ここまで情報の非対称性について話してきたけれど、最後に、個人投資家とプロ投資家を比較して、果たして個人投資家はどうやったらプロ投資家を出し抜いて勝てるのかということを考えてみよう。

おそらく、ここまで読んだ人たちの中には若干、暗澹（あんたん）たる気持ちになっている人がいるのではないだろうか。

それはそうだよね。これまで話してきたことを整理すると、個人投資家とプロ投資家の情報格差を見れば、圧倒的にプロ投資家が優位に立っているという厳しい現実がある。

チャート分析については、そもそもチャート分析による投資判断に再現性があるのかという問題があり、再現性に乏しいというのが偽らざるところだ。

そして今も言ったように、情報戦においても個人の優位性は確認できなかった。となると、**「個人投資家はどこで勝負すればいいんだ？」**という話になってくる。

結論から言えば、勝負できるところは**「ある」**。

これ、この本を読んでいる人たちに強調しておきたいことなんだけど、個人投資家でもプロ投資家に勝てるフィールドは、実はたくさんあるんだ。

でも、**それはトヨタ自動車やソニーではない**。

個人投資家は、いわゆる「優良銘柄」が好きだ。なんとなく、持っていて安心感があるからなんだろうね。トヨタ自動車が倒産することなど想像もできないだろうし、大企業だから長く持っていれば株価もいずれ上がるだろうと思っている。

でもね、そういう銘柄で個人投資家がプロ投資家以上のパフォーマンスをあげられるかというと、それは非常に難しい。

実際、勝てる要素は何ひとつない。なぜならそうした「優良銘柄」には大勢のアナリストが常時張り付いていて、彼らが得た情報は逐次、僕らのようなプロ投資家に流れているからだ。

したがって、この種の「優良銘柄」への投資で個人投資家がプロ投資家に勝てるとしたら、それは相当なセンスを持っている人で、他の個人投資家が誰でも真似できるようなものではない。

プロが見ていない「銘柄」に勝機アリ

とまあ、ここまで言えば勘のいい君たちなら察しがつくと思う。個人投資家がプロ投資家に勝つためには、プロ投資家が勝負していない企業を見ていけばいいのだ。そのフィールドを丹念に探していけば、プロ投資家も気づかない宝の山にぶつかることがある。そして、そのチャンスは結構大きいはずだ。

なぜなら、君たちが思っているほどプロ投資家はたくさんの銘柄を見ていないのですよ。

2021年8月現在、東京証券取引所に上場されている企業の数は、全部で3787社ある。**このうちプロ投資家が投資している企業数は、おそらく800社にも満たない**んじゃないだろうか。

時価総額が何かは知っているよね。そう、「株価×発行済株式数」で求められるもので、資本市場におけるその企業の規模感を表している。

「資本市場における」というのは、現実の経済とはちょっと違うから。株価には期待度が含まれているから、その会社が大して利益を出していなくても、時価総額が高かったりする。何年か前までのメルカリやテスラは、時価総額が高かったけれど、赤字だった。それは投資家が、「今は先行投資の時期で、後になれば確実に大きな利益が出る」と思っていたからだよね。

ちなみに、時価総額別に上場企業の数を調べると、次のようになる。数字は2021年6月4日現在だ。

5000億円以上……269社
1000億円以上5000億円未満……488社
500億円以上1000億円未満……403社
100億円以上500億円未満……1266社
100億円未満……1411社

なぜここで時価総額を出したのかというと、プロ投資家は時価総額の大きな企業にしか投資しないからだ。いや、投資できないといったほうがいい。

プロ投資家が運用している資金はかなり大きい。

たとえば、1000億円の資産を運用するファンドが時価総額100億円しかない企業に投資するとしてみよう。仮にファンドの5％（50億円）を投資して、その企業の株式を購入したらどうなるだろうか？

その会社が発行している株式の半分を押さえることになってしまうし、このぐらいの買いを進めると、自分の買いによって株価を暴騰させてしまう。加えて、金融庁に「5％以上の大口投資家」として報告義務が発生してしまうのだ。

したがって、プロ投資家は時価総額の小さい企業には投資しない。おそらく、ある程度の規模を持っているファンドが投資する企業は、時価総額で1000億円以上のところが中心になる。当然、アナリストと呼ばれている人たちも、プロ投資家が買わないような企業をわざわざ調べたりはしないので、時価総額が500億円にも満たないような企業だと、実はとても良い企業なのに、見ているアナリストの数が極端に少なくなる、ということがあるんだ。

だから、**時価総額で500億円未満、より安全を期すなら200億円未満という小**

さい規模の企業を丹念に調べて、将来が有望なところを探して投資すれば、個人投資家でも十分に勝機があるんだよ。

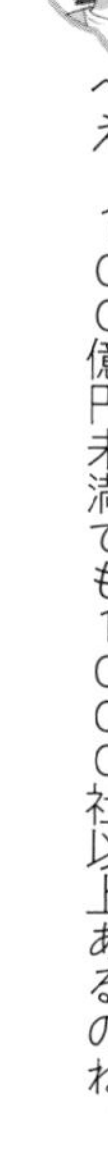

へえ、100億円未満でも1000社以上あるのね。

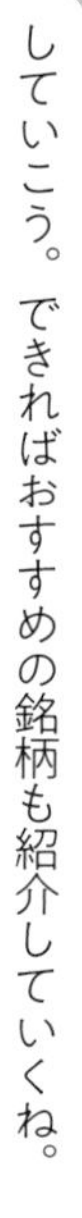

結局投資は、「適切な銘柄」を買って「適切な時期に売る」ことに尽きる。次章から説明していこう。できればおすすめの銘柄も紹介していくね。

次回の講義の前に証券口座を開設しなきゃ。

健司はもうはじめてるんだっけ？

うん、ネット証券に口座を持ってるよ。大学でもどこからでもできるし、手数料も安いしね。

証券口座に直接入金するんじゃなくて、提携する金融機関経由で入金するんだね。

今、ケータイで口座開設を申し込んじゃった。口座開設申込書が来たら、それを送って完了ね。これから楽しみ！

やることが早いなーー。

公式

個人で買うなら、時価総額200億円未満の株を狙う

第1章のまとめ

- ✔ 個人で資産設計のために運用するなら株式か投資信託
- ✔ 株式のリターンとしては、配当金・株主優待・売却益があるが、元本は保証されない。あくまで「株主」、「出資者」としての立場
- ✔ 株式市場は不公平なもの。だけど普通の人が勝てるフィールドはある
- ✔ チャート分析は、再現性がなく、論理的でもない
- ✔ 個人が勝つためには、プロの投資家が入ってこない銘柄を狙う
- ✔ 鉄則は、適切な銘柄を、適切な時期に売買すること

第 2 章

「何を買うか」

——銘柄選びと短期投資

Chapter 2

本当の優良銘柄とは何か？

株式について一通り学んだから、早速投資をしたいな。確実に儲かる方法ってないのかしら？

先生は「何を買って」「いつ売買するか」が大事って言ってたよね。

良い銘柄ってなんだろう。いわゆる有名企業の株を買っておけばいいのかな？

みんなは、優良企業をここであげるとしたら、どんな会社が思い浮かぶだろう？

トヨタ自動車みたいな大企業？

就活ランキング1位に入るような企業じゃない？

そうだよね、こんな質問をすると、ソニー、ファーストリテイリング、日本電産……大勢の人がこの手のブルーチップ銘柄を答えてくる。

じゃあ、ちょっと禅問答のようになるけれども、「優良銘柄をあげてくれ」と言った時、君たちはどんな企業を選ぶだろうか。

優良企業は本当に優良銘柄だろうか。

「優良企業」は、自分が働くうえでとても良い環境が整っている企業というイメージだけど、「優良銘柄」というと、働く先ではなく投資先というイメージがグンと強まる。

「優良企業」が「優良銘柄」かどうかについては、切り口によって答えはかなり変わってくる。ここでは「優良銘柄」とする基準を、定められた一定期間内で、株価の上昇率がTOPIXの上昇率を上回る期間がより長かったものと置いてみる。その銘柄は市場の平均値を超えて値上がりした優良銘柄であると考えることができる。

具体的に説明しよう。たとえばAという銘柄の株価は、最初の3年間でものすごい値上がり

どちらが優良銘柄？

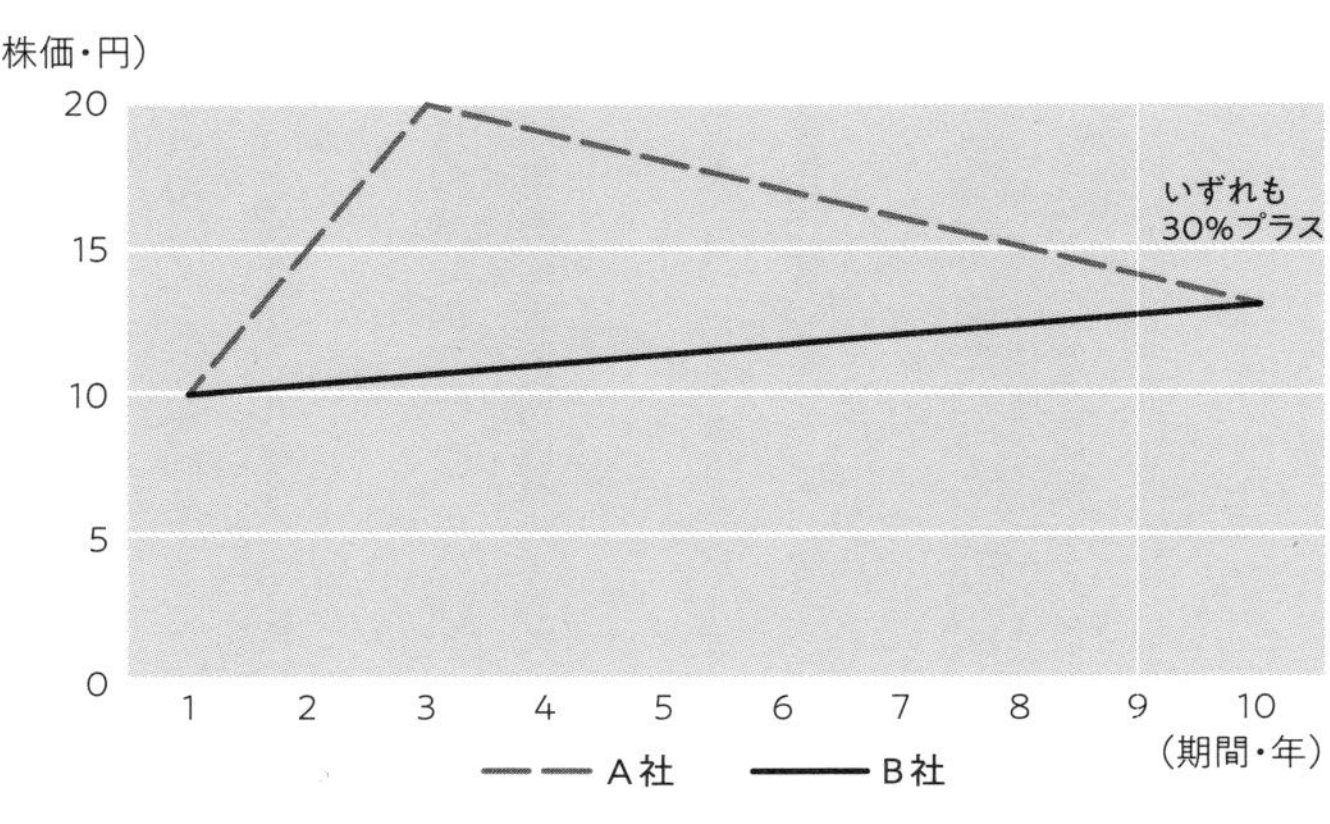

をした後、7年間で少しずつ値下がりをしたことによって、10年間のトータルリターンは30％のプラスとなった。極端な図を書くと上のようになる。

一方、Bという銘柄は毎年3％ずつコツコツと上昇を続けた結果、10年間で30％のプラスとなった。

10年後の投資成果はいずれもまったく同じ30％になったわけだけれども、さて、AとBのどちらが優良銘柄だと言えるだろうか。

それはBでしょう。値動きが小さいほうが安全だし。

正解。同じリターンなら、当然、リ

スクの低いほうが優良銘柄ということになる。リスクとは「未来の不確実性」のことで、投資の世界では**「ボラティリティ（変動性）」**と呼ばれる。

その理屈で考えれば、最初の3年間でものすごい値上がりをした後、7年間で少しずつ値下がりをしたAという銘柄のほうが、毎年着実に3％ずつ値上がりしたBという銘柄よりもボラティリティが大きく、リスクが高いということになる。

したがって、銘柄Aと、銘柄Bのいずれが優良銘柄なのかという問いに対する答えは、運用成績がプラスの年、マイナスの年が混在していない銘柄Bが正解になるんだ。

TOPIXに60％の確率で勝っている22銘柄とは？

じゃあ、この基準で優良銘柄にはどんなものがあるのか、実際に検証してみよう。日本株を対象に、株価の上昇率が市場平均であるTOPIXのそれを上回っている月を数えて勝率を計算してみた。

対象銘柄はTOPIXに採用されている銘柄のうち、時価総額で上位1000銘柄。この1000銘柄の株価の上昇率とTOPIXの上昇率を比較する。個別銘柄の株価上昇率がＴＯＰＩＸの上昇率を超えれば勝ち、超えなければ負けだ。
1年は12か月あるので、1年間で12回の勝負をすることになる。12勝0敗であれば最高だし、6勝6敗は普通。0勝12敗は厳しい。このような月間パフォーマンスの相対的な勝ち負けを過去10年間、１２０か月にわたって調べてみた。

１２０か月の中で勝率はどのくらいになったと思う？

どうかなあ、50％くらい？

もう少しあってもいい気がするんだけど……。

これが実に見事な結果でね。あくまでも単純平均だけれども、**大方は勝率50％±0・2％の間に収まった**。つまりほぼ60勝60敗になるという結果が導きだされたんだ。

これはなかなか興味深い結果と言ってもいいだろう。ＴＯＰＩＸと比べて、個別銘柄が勝つ確率は半々ということだ。そして、勝率が50％以上の銘柄数は１０００銘柄

TOPIXに60%の確率で勝っている22銘柄

コード	銘　柄	勝率	合計	勝ち	負け
7780	メニコン	67.2%	64	43	21
8876	リログループ	65.0%	120	78	42
3064	MonotaRO	64.2%	120	77	43
2127	日本M&Aセンター	63.3%	120	76	44
4612	日本ペイントホールディングス	63.3%	120	76	44
6035	アイ・アールジャパンホールディングス	63.2%	68	43	25
6200	インソース	62.7%	51	32	19
2175	エス・エム・エス	62.5%	120	75	45
4684	オービック	62.5%	120	75	45
7956	ピジョン	62.5%	120	75	45
3635	コーエーテクモホールディングス	61.7%	120	74	46
7747	朝日インテック	61.7%	120	74	46
6028	テクノプロ・ホールディングス	61.4%	70	43	27
3288	オープンハウス	61.2%	85	52	33
3762	テクマトリックス	60.8%	120	73	47
6861	キーエンス	60.8%	120	73	47
6920	レーザーテック	60.8%	120	73	47
7453	良品計画	60.8%	120	73	47
9090	丸和運輸機関	60.3%	78	47	31
2413	エムスリー	60.0%	120	72	48
4768	大塚商会	60.0%	120	72	48
9435	光通信	60.0%	120	72	48

※少なくとも50か月以上のトラックレコードがある銘柄
（IPO後50か月未満の銘柄は対象外）

（著者の分析による）

のうち５００銘柄前後、50%以下の銘柄も５００銘柄前後、になる。

さて、次に勝率を50%ではなく、60%に引き上げてみよう。勝率が60%の銘柄は、１０００銘柄のうち何銘柄になるのだろうか。

上の図を見てほしいんだけど、**結果はなんと22銘柄しかない**。勝率がたった10%上がるだけで、その条件をクリアできる銘柄数はグンと減るのだ。率にしてたったの

2・2%でしかない。

あれ、トヨタはここには入らないんだ！

この勝率で見ると、**君たちが優良企業として認識している企業は、多くの場合、優良銘柄ではない**という事実を突きつけられるね。たとえばトヨタ自動車の勝率は42・5%であり、ファーストリテイリングは58・3%、ソニーが47・5%で、日本電産は50・8%だ。

この検証で僕が言いたいことが2つある。

1つは、株式に毎日接していて、誰よりも株式や企業の中身について熟知しているアナリストや運用者が何を言ったとしても、その人の言っていることが当たっている確率は、所詮50%程度に過ぎないということだ。少なくとも対TOPIXで銘柄選択に成功する確率は50%、もっと言えば45%から55%の間くらいでしかないほどに低いのである。

だから、ネットや雑誌でどこかの評論家や個人投資家が銘柄について書いていたり、株式講演会などで語ったりしているが、そんなものを信じて投資したとしても、半分は負けるということを理解しておこう。

だから自分で勉強したほうがいいんですね。

そのうえでもう1つ言いたいのは、**所詮、45%から55%の確率で勝負しているとはいえ、その勝率を60%まで持っていく作業を長期間にわたって行なえば、圧倒的な勝者になれるはずだ**。これは特に強調しておきたい。みんなには、それに近づける方法を紹介していきたい。

では、勝率60%に入った22銘柄に何か共通点はないものだろうか。

なんだろう。業種もバラバラに見えるけど。

知ってる会社が良品計画しかない……。

答えを言うと、共通点は、**安定成長型で比較的キャッシュフローがしっかりしている企業**が多いということだ。

逆に、**製造業は少ない**。これは、景気サイクルの影響が大きいためと考えられる。製造業の場合、景気が良くなれば作ったモノが売れて業績が回復、株価も上昇するが、景気が悪くなるとモノが売れなくなって業績が悪化。株価も下落するというサイクルを繰り返すため、TOPIXと比較した時に勝率を上げるのが非常に厳しくなってしまう。

それとともに、この検証の結果から考えると、市場平均を上回る銘柄を選ぶ基準としては、キャッシュフローをしっかり創出できる（毎年安定して現金が蓄積される）企業であることが非常に重要だということがわかるのではないだろうか。

そんなことを含めて、今日は優良銘柄の選び方を説明するよ。

まずは先生が出してくれた22銘柄からはじめるのもありですよね。

公式

勝率60%の銘柄を見つけていけば、勝者になれる

Chapter 2

【素人が勝つ株式投資①】時価総額が低いものを選ぶ

この22銘柄から選ぶのも全然ありだと思うけど、さっき先生が「プロが入り込んでいないところから選ぶのがいい」って言ってましたよね。

第1章でも触れたけれど、個人がプロの投資家に勝つには、少なくともプロの投資家と同じ土俵に立っている限りは極めて難しいと考えたほうがいい。でも、僕たちプロがどんなことに気をつけて損失を出さないようにしているかは知っておいてもいいかもね。

ヘッジファンドをはじめとするプロの投資家は、かなり厳格なリスク管理のもとで運用しなければならない。自分の個人的なお金を運用するならともかく、僕らは仕事として、お客様から大事なお金を預かって、それを運用しているから、いくら高いリターンが期待できるにしても、過大なリスクをとることはできないんだ。

具体的にどんな点でリスク管理を求められるのかということなんだけど、まあ、これは詳しく覚えておく必要もないから、簡単に押さえておいてもらえればいいかな。

①レバレッジ……最大でどのくらいの金額まで投資できるのか
②デルタ……市場感応度の1つ。原資産価格の変化に対してオプション価格がどの程度変動するのかを知るための指標
③ロスカットルール……自分のポートフォリオに損失が生じた時、どのように対処するのか
④最大ウェイト……銘柄やセクター（業種）について、運用資産に対して最大何%まで投資するのか
⑤流動性……出来高に対して何日分の株式を持っているか
⑥サイズ……株式の時価総額

プロが見るのは流動性とサイズ

全部は知らなくていいから、必要なところだけ説明するね。

プロが注目するのは「流動性」と「サイズ」だ。

まず流動性から説明しておこう。

流動性というのは、売りたい時に売れるだけの買いがあるかどうかということだ。

株式情報の「出来高」のところに「何株」という表示で出ているけれど、これに1株あたりの金額をかけるとどのくらいの額が売買されているのかがわかる。

ランサーズなら、2021年7月30日現在で、**「出来高」が3万3500株、価格として「始値」をとるとすると512円だったので、掛け算して約1715万円がその日に売買されている、ということですかね** （次ページ参照）。

なんで流動性が大事なんですか？

たとえば1億円の株式を売りたいと思っている時に、マーケットで5000万円分の買いしかなかったら、1億円をすぐに売り切ることができないからね。

銘柄の「流動性」を見てみよう

（画面はYahoo! ファイナンス　2021年7月30日調べ）

ヘッジファンドのようにお客様のお金を運用している場合、お客様から解約の要請が来たら、何日後までに耳を揃えて解約資金を渡すということが決められているから、売り切れなかったなんてことになったら大変なんだ。

それこそ契約違反になっちゃう。

だから、その株の1日の出来高に対して、どの程度まで投資するかというのは、実はとても大切なことなんだ。

もちろんファンドによって違っていて、1週間分くらいの株式を持っているファンドもあるけど、普通は3日分くらいだ。つまり1日あたりの出来高が1000万円の株式だとしたら、それに投資できる金額は3000万円程

一言解説

［出来高］ その期間にどれだけの数の株が売買されたかということ

度というわけ。

3日分くらいだったら、まあすぐ売れるだろう、ということですね。

でも**ここまで金額が小さいと、とてもじゃないけれどもファンドで投資することはできない**。

だって200億円を動かしているうちの3000万円なんて、どの程度だと思う？　たとえばある銘柄が爆騰して、3000万円が6000万円になったとする。2倍高だ。短期間のうちに株価が2倍になったとしたら、それはものすごいハイリターンになる。

でも、ファンドのサイズが200億円で、そのうち3000万円が6000万円に値上がりしたとしても、ファンドの資産全体に占める値上がり益は0・15％に過ぎない。ファンドの運用成績に及ぼす影響はたかが知れている。

したがって、1日あたりの出来高が1000万～3000万円程度の極めて小さな取引しか行なわれていないような銘柄は、はなから投資対象にはならないんだ。

一方で、運用する側にとってもファンドによって投資できる時価総額に制限があったりする。それはファンドによっても異なるが、200億円未満であったり300億円未満には投資できなかったりする。

それに第1章で話したような問題もあるし、大きな資金を動かさざるを得ない**プロの投資家は、株式市場であまり取引されておらず、時価総額が極めて小さい銘柄には手を出しにくいんだ。**

もちろん、そういう小さい銘柄に投資するプロの投資家がいないというわけではない。小型株ファンドやマイクロファンドのように、非常に小さい規模の株式にも投資するファンドは存在する。

ただ、ファンド全体で見ればこの手の小さい銘柄に投資するファンドは極めて少数派なので、個人投資家でもつけ入る隙が十分にあるんだ。

だとすると、**個人で投資するなら時価総額200億円未満の銘柄**が狙い目ね。

そう。今、説明したように流動性や時価総額が小さい株は、プロの投資家がほとんど参入していないエリアになるため、個人でも十分に勝機がある。

時価総額が低い銘柄から探そう

時価総額下位　東証1部　デイリー　　最終更新日時：2021年7月30日18時40分

1～50件/2189件中　　シェア　ツイート

順位	コード	市場	名称	取引値		発行済み株式数	時価総額(百万円)	単元株数	掲示板
1	2687	東証1部	(株)シー・ヴイ・エス・ベイエリア	07/30	402	5,064,000	2,036	100	掲示板
2	6186	東証1部	(株)一蔵	07/30	396	5,516,335	2,184	100	掲示板
3	8260	東証1部	(株)井筒屋	07/30	227	11,480,495	2,606	100	掲示板
4	6555	東証1部	(株)MS&Consulting	07/30	586	4,465,000	2,616	100	掲示板
5	2139	東証1部	(株)中広	07/30	375	7,044,000	2,642	100	掲示板
6	8742	東証1部	(株)小林洋行	07/30	268	10,094,644	2,705	100	掲示板
7	8013	東証1部	(株)ナイガイ	07/30	336	8,217,281	2,761	100	掲示板
8	3376	東証1部	(株)オンリー	07/30	464	5,972,000	2,771	100	掲示板
9	4678	東証1部	(株)秀英予備校	07/30	419	6,710,000	2,811	100	掲示板
10	6551	東証1部	(株)ツナググループ・ホールディングス	07/30	330	8,561,584	2,825	100	掲示板

(画像はYahoo! ファイナンス　2021年7月31日調べ)

シー・ヴイ・エス・ベイエリアの銘柄紹介

(画面はYahoo! ファイナンス　2021年7月31日調べ)

どんな銘柄があるのか調べてみよう。Ｙａｈｏｏ！ファイナンスで、東証一部の中で「時価総額が低い株」を検索してみると……シー・ヴイ・エス・ベイエリア、一蔵、井筒屋という会社が出てきた。上から時価総額20億円、22億円、26億円だって。シー・ヴイ・エス・ベイエリアの今日の出来高は、６０００株だから、１株４０７円とすると、２４４万円（前ページ参照）。こういう銘柄は、その後、どれだけ高くなりそうな要素があったとしても、ファンドは入ってきづらいということですね。

それだけで選ぶわけじゃないけど、１つの選択基準として知っておくといいよ。

公式

時価総額２００億未満の銘柄を狙おう

Chapter 2

【素人が勝つ株式投資②】アナリストがカバーしていない銘柄も個人が勝てるエリア

加えてアナリストがカバーしていない銘柄も、個人が勝てるエリアと言ってもいいだろう。

たとえばクラウドソーシングのランサーズという会社なんだけど、2021年7月6日時点の時価総額は85億3400万円で、正直なところ小型株ブームで株価が値上がりした時に比べると、半分以下になっている。

で、こんなに株価が乱高下して、時価総額が半分以下になってしまうような銘柄は、アナリストもカバーしていないケースが多い。

アナリストがカバーしているか否かはどうやって調べればいいでしょうか?

「(企業名) アナリストカバレッジ」と検索すると、企業のＩＲ情報の中で、その会社を担当しているアナリストがわかるサイトが見つかる。また、各証券会社のサイトで対象企業を検索することでアナリストカバレッジの有無を調べることもできる。

ＩＰＯ銘柄は入ってくるプロが限定される

ちなみに、プロの投資家があまりカバーしていないもう1つの領域が**「ＩＰＯ」**だ。ＩＰＯはInitial Public Offeringの略で、株式の新規公開を指していることは、おそらく読者のみんなもわかっていると思う。

たまに注目のベンチャーなんかのニュースを見ますね。

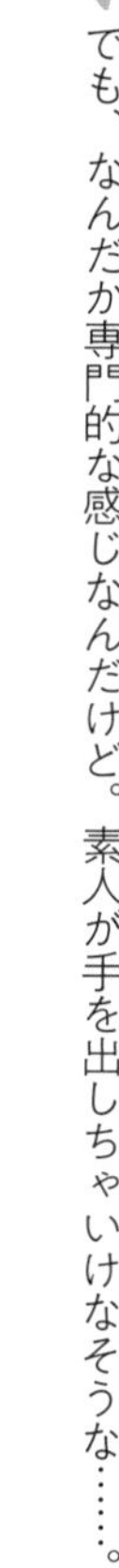

でも、なんだか専門的な感じなんだけど。素人が手を出しちゃいけなそうな……。

実は、基本的にプロの投資家はＩＰＯ銘柄には手を出さないんだ。

[アナリストカバレッジ] その会社の株式の分析をしているアナリストの一覧

というよりも、運用担当者が「きっとこのＩＰＯ銘柄は儲かるはずだ」と思ったとしても、投資できない。

なぜなら業績の分析をしきれないからなんだ。

ＩＰＯ銘柄の中には非常に過熱していて投資しないほうがよい銘柄もあるのだけど、**実は成長できる可能性を秘めているにもかかわらず、ＩＰＯ後も株価が割安水準に放置されたままになっている銘柄も少なくない**。この手の銘柄をじっくり選んで投資すれば、中長期的にも高いリターンが期待できそうなものなんだけど、プロは投資できない。

プロの投資家が投資する銘柄を選ぶ時は、これまで述べてきたように、過去の業績推移を参考にして、今後の業績を予想するのが一般的だ。

ところがＩＰＯ銘柄の場合、新株を発行する際に作成される「目論見書」という開示書類の中に、過去の細かい業績推移などはほとんど記載されていない。

過去の業績がわからなければ、将来の業績を当てにいくことはできない。仮にプロの投資家がＩＰＯ銘柄に投資したとして、それが大失敗に終わった時、僕たちにお金を預けてくれている投資家に対して説明ができない。

「なぜこのＩＰＯに投資したのですか？」と聞かれて、「いや、なんとなく儲かりそ

株式情報サイトに出ているIPO銘柄

トップ ＞ 2021年のIPO関連が株式テーマの銘柄一覧

2021年のIPO関連が株式テーマの銘柄一覧

2020年のIPOは、19年の86社から7社増加し93社が新規に上場した。19年の86社、18年の90社を上回り、07年の121社以来13年ぶりの高水準となった。新型コロナウイルスの感染拡大の影響を受けて相場が大きく崩れ、春先には18社が上場を延期し、IPO市場は2カ月以上休止状態だったが、6月以降に急回復した。一時はIPO数が半減するとの見方もあったが、コロナの影響を受けにくいビジネスや新たな需要をとらえたビジネスを展開する企業を中心に、企業のIPOニーズは引き続き根強いものがある。
続く2021年は20年よりもIPO社数の増加が見込まれている。ただ、IPO銘柄は玉石混交で、成長性を見極める必要がある。

市場別：全市場 ｜ 1部 ｜ 2部 ｜ 新興

時価総額別（単位：億円）：全銘柄 ｜ -50 ｜ 50-100 ｜ 100-300 ｜ 300-1000 ｜ 1000-

1 2 3 4 5 次へ＞ 15件

人気テーマ ベスト30 ｜ 株価更新

2021年08月20日 16:00現在 72銘柄　株価20分ディレイ → リアルタイムに変更

コード	銘柄名	市場	株価	前日比		ニュース	PER	PBR	利回り
2933	紀文食品	東1	1,228	-3	-0.24%	NEWS	13.9	2.28	1.22
2934	Jフロンティ	東M	−	−	−%	NEWS	−	−	−

（画像は株探　2021年８月20日調べ）

うな気がしたもので」などと答えたりしたら、その場で契約を打ち切られてしまう。顧客のポートフォリオに損失が生じた時、その理由をしっかりロジカルに説明できるのが、プロのプロたる所以でもあるのだ。

ＩＰＯ銘柄にはプロの投資家の資金はほとんど入ってこない。ということは、ＩＰＯの領域に関しては、個人でも十分に利益を狙える余地があるということなのだ。

ＩＰＯ銘柄はどこで調べればいいですか？

各種株式情報サイトに出ているし、

ネット証券でも取り扱いのあるところがあるので、そこで見るといいよ。

ただし、ＩＰＯ銘柄の情報については、上場してからそれなりに決算をこなした銘柄と比較すると随分と不足してしまうことは否めない。たとえば、四半期別の細かい数字が入手できないことも多いし、業績を予想するうえで頼りになるデータも開示されていないことがある。ＩＰＯ直前のロードショーなどで得られる部分的な数字を頼りにするしかないので、正直、「言ってたことと違うじゃないか！」と憤慨するケースも少なくない。結局、経営者の言うことを信じるかどうかになるので、慎重な投資家の中にはＩＰＯに参加しないと決めている人もいるんだけど、それだけに、個人投資家が勝負できる場でもあることは確かだ。興味がある人は、挑戦してみるとよいと思う。

公式

アナリストがカバーしていない銘柄、ＩＰＯ銘柄を選ぶ

一言解説

［ロードショー］株式公開前の説明会

Chapter 2

決算書は「売上高」と「営業利益」だけ確認すればいい

アナリストがカバーしていないとすると、自分で調べなきゃいけないんですよね。

そう、まず決算書類から見ていこう。

数字に苦手意識があるんだけど。

見るべきポイントはそう多くない。プロが見るポイントだけ教えるね。
まず、各社のホームページにＩＲのページがあるので、そこに出ている**「有価証券報告書」**には最低でも目を通すこと。どこもフォーマットは大きく違わない。様々な数字が掲載されている後に「経営成績等の概況」といった文章が掲載されているので、それを読み込んでみる。

これ全部目を通したほうがいいですか？

最低限**「当期の業績についての説明」**と**「今後の見通し」**には目を通してほしいな。

たとえば100円ショップなどを出店している「ワッツ」の2021年第2四半期の有価証券報告書を見てみよう。事業セグメントごとの売上高を見てみると、「新型コロナウイルス感染症拡大の影響により、特に海外事業において、売上高が減少した」とある。すると、感染拡大の収束とともに、また業績が戻るのではないかと予想できるかもしれない。

あとは、「今後の見通し」に関する話を拾っていくと、撤退するブランドはあるものの「下期発生の費用は限定的と見込む」とあり、大きなマイナスにはならないと考えられる。さらに今後の成長ビジョンなどを読めば、ワッツという会社が今、どういう状況にあり、これから何をやろうとしているのかということが、なんとなく見えてくるだろう。

ＩＲ担当者に上手に質問しよう

それともう1つ、個人がやったほうがいいのは、ＩＲ担当者に直接話を聞くこと。ＩＲとは投資家向けに経営状態や財務内容、今後の見通しなどについて広報することで、上場企業はどこも必ずＩＲの担当者を置いている。

そして、アナリストがカバーしておらず、機関投資家の投資対象にも入っていないような企業のＩＲ担当者は、アナリストたちの訪問、問い合わせが少ないはずなので、おそらく時間があるはずなんだ(笑)。

これがトヨタ自動車やソニーなど、多くの機関投資家が必ずファンドに組み入れているような企業のＩＲ担当者になると、毎日アナリストやファンドマネジャーの訪問を受け、しょっちゅう業績説明などをさせられているので、時間がない。のんびり個人投資家の相手など、してくれるはずがない。

こういった面でも、個人投資家はプロの投資家が投資している銘柄には投資しないほうがいい。

といっても、何を聞いたらいいんだろう??

これ、IRの仕事をしている人が言っていた実話ね。個人投資家から電話がかかってきて一番聞かれることと言えば、「今日、株価が上がっているんですが、なぜ上がっているんですか」、「株価が下がっているんですが、なぜ下がっているんですか」という話ばかりなんだって。

これは、ちょっと頭を抱えてしまうよね。そもそも日々の株価の値上がり、値下がりなんて株式市場の需給によって左右される部分もあるし、下手なことを言えばインサイダー取引で大変なことになるから、何か知っていたとしても言えるわけがない。

（自分も同じことを聞きそうだったよ……）

企業のIR担当者に電話をかけて聞くなら、そんなことではなくて、もっと業績や財務内容について、もう少しだけ踏み込んだ質問をしたほうがいいね。

そこで「決算書」を見るわけですね。

そう、有価証券報告書や決算短信には企業の現在の財政状況を示す**「貸借対照表」（BS＝バランスシート）**と、その期間内にどれだけの収入があって、どういうコストが投下されて、どのくらいの利益になったかということを示す**「損益計算書」（PL）**がある。社会人の基本として知っておいてほしいことだから、覚えておいてね。

両方見ないといけないですか？

時間がない人は、損益計算書だけ見ればいいかな。

基本的に株価というのは、短期的には市場の需給バランスによって動くものなんだけど、長期的には、その企業の業績を織り込んで、しかるべき株価が形成されていく。つまり、日々の売買で株価はどんどん変わっていくけれど、長期的には企業の業績によって、株価はしかるべきところに落ち着いてくる。それを考えれば、**長期的に大事なのは業績である**ことがわかるだろう。業績とは、もちろん売上高や利益、キャッシュフローのこと。だから、バランスシートよりも、業績がわかる損益計算書をチ

一言解説

［業績］投資では、基本的には売上高や利益のこと

エックしよう。

損益計算書の構造は、次のようになっている。

売上高－売上原価＝売上総利益
売上総利益－販売費及び一般管理費(販管費)＝営業利益
営業利益＋営業外収益－営業外費用＝経常利益
経常利益＋特別利益－特別損失＝税引前当期純利益
税引前当期純利益－法人税等＝税引後当期純利益

この流れで見ると、利益には**「売上総利益」、「営業利益」、「経常利益」、「税引前当期純利益」、「税引後当期純利益」**の5つがある。

たとえば、メーカーだったら、商品を作って売ったらそれがすべて利益になるわけじゃないよね。何かを作るための材料費（原価）や、営業や広告にかかったコスト（販売管理費）や、お金を借りていたらその利息も支払わなければならない（営業外費用）。それに不動産を売ったりしたら、その年だけの特別な利益（特別利益）も入ってくる。

そういうのを全部鑑みて、どの段階でどれだけ利益が残ったのかを見るんだ。

決算書（損益計算書）の構成

		項　目		一言解説
経常損益の部	営業損益の部	売上高		本業の売上として入ってきた全部の利益
		売上原価		材料費など
			売上総利益	売上高から売上原価を引く
		販売費及び一般管理費		人件費、店舗の家賃、広告宣伝費
			営業利益	売上総利益から販売費及び一般管理費を引く
	営業外損益の部	営業外収益		本業以外で経常的に発生する収益
			受取利息	
			受取配当金	
			雑収入	為替差益など
			営業外収益合計	
		営業外費用		本業以外で経常的に発生する費用
			支払利息	
			雑損失	為替差損など
			営業外費用合計	
			経常利益	会社が通常の活動であげた利益
特別損益の部		特別利益		不動産を売るなど特別な収入
			固定資産売却益	
			投資有価証券売却益	
			特別利益合計	
		特別損失		災害など特別な損失
			投資有価証券売却損	
			災害による損失	
			特別損失合計	
		税引前当期純利益		本業以外の損益を加減算したすべての利益
		法人税、住民税および事業税等		
		税引後当期純利益		税金を払って最終的に残った利益

この中で何を見ればいいの？

売上高と営業利益は特に見ておいてほしい。

プロの投資家が投資するかどうかを判断するにあたっては、営業利益をベースにすることが多いんだ。営業利益は「売上高－コスト（売上原価＋販管費）」。つまり、**「売上高」**から製品を作るのに必要な原材料費、商品の仕入れ代金の総額、サービスを提供するための費用の総額などを差し引いた売上総利益を計算し、そこから販管費を控除したものが**「営業利益」**になる。

セクターによっては、経常利益で判断する場合もあるけど、プロの投資家は営業利益を軸にすることが多いな。

公式

決算書は売上高と営業利益を確認しよう

一言解説

［なぜ経常利益で判断しないのか］ 経常利益は旧ドイツ型会計基準に準ずる概念であり、アングロサクソン型会計基準が主流となった現在では、注目度が低下しているためだと思う。IFRSにも米国会計基準にも経常利益という概念はない。債権者への利払い及び元本返済に重きを置く概念から、株主を含むより広いステークホルダーを配慮した状況となったとも言えると思う。一部の経営者の意識はそうなっていない。深く知りたい人向けの説明

Chapter 2

短期投資の基本の基本
——業績予想をして業績進捗率と比べてみる

ここで自分で業績予想を立てて、どんなふうに売り買いをしていくのかシミュレーションしてみようか。

業績予想なんてできるんですか？　アナリストでもないのに！　しかも株について教えてもらって、正味2時間くらいですよ。

今日教えるのは、かなり簡単。自分で求めた業績予想と、企業が出した今期の業績予想を4で割ったもの（第1四半期の場合。下の「一言解説」参照）と比較するだけだから。

短期投資の基本は、自分の業績予想が企業の計画を上回ると思われたら購入を考えて、下がると思われたら手放すことを考える、ということになる。

今回は、こんな感じで考えてみようか。

一言解説

第２四半期は４分の２を、第３四半期の場合は４分の３をかけて出します

①適時開示情報に開示されるその企業の月次の数字やニュースフローを見ながら企業業績予想を立てる（適時開示情報は株式情報サイトでもわかる）
②その予想と、会社の予想が乖離（かいり）している場合、ＩＲ担当者に確認する
③バリュエーション（その時点でその株が安いか高いか）を判断する（これは155ページから紹介します）

①②は銘柄を選択するステップ、ただし①だけだとみんなも同じことを考えているかもしれないから②の確認があるとよいと思う。③は本当に買うか売るかを判断するステップになる。まずは決算スケジュールから説明していこう。

決算スケジュールを確認しよう

企業業績は四半期決算と言って、３か月ごとに発表されているのは知ってるよね。

そして３月決算企業の場合、３月の本決算を発表する時に、来期の業績予想も発表するのだけど、株価を考えるうえで大事なのは、来期の業績予想を本当に達成できる

一言解説
企業によっては季節性のあるところがあり、そのような企業は過去の四半期決算を振り返り季節性がどの程度進捗に影響を与えているかについて吟味する必要はある

のかどうか、ということだ。

これは営業マンのノルマみたいなもので、達成できて当たり前。達成できなければ上司にめちゃくちゃ怒られる。企業業績であれば、もし業績予想を達成できないなんてことになったら、株価による洗礼を受けることになる。つまり株価は下がる、ということだね。

逆に、業績予想を大きく上回ることがわかったら、その会社の株式は買われることになる。結果、株価は大きく値上がりする。

結局、**株式市場に参加している投資家は、業績の当てっこをしているわけだから、業績予想に対して実際の業績がどうなっているのかは大事なポイントになる。**

3月が本決算の企業の場合、四半期は、

4~6月＝第1四半期
7~9月＝第2四半期（中間決算）
10~12月＝第3四半期
1~3月＝第4四半期（本決算）

という流れになる（ちなみに、3月の本決算の数字が発表されるのは5月になるので、その時に来期の業績予測が発表される。つまり来期の業績予想が発表される時には、すでに第1四半期が走っていることになる）。

第1四半期から第2四半期にかけては、発表した業績予想に対して、実際の決算が未達になるのか、それとも上方修正することになるのかは、なかなかわかりにくい。まだこれから何があるかわからないからね。したがって、業績進捗率が株価を大きく動かすことになる。

たとえば今期の業績予想が、売上ベースで100億円だとする。これを年間で達成するわけだから、**四半期で割れば基本的に毎期25億円ずつ売上を計上し続ければ、今期の本決算時には業績予想を達成できることになる**。

ところが、第1四半期で売上高が10億円だったらどうだろうか。25億円に対して10億円では「ちょっとまずいんじゃないの？」ってことになる。下手をすれば年間の業績予想が未達なんてことも起こり得る。こうなると株価は大きく売られることになる。

もちろん企業によっては売上や利益にクセがあって、第1四半期から第2四半期にかけては「未達になるんじゃないか」などとハラハラさせておきながら、第3四半期、

一言解説
［業績進捗率］ 業績予想に対して、四半期決算の業績がどの程度達成しているか

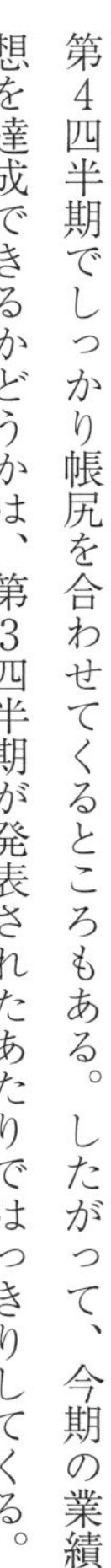

第4四半期でしっかり帳尻を合わせてくるところもある。したがって、今期の業績予想を達成できるかどうかは、第3四半期が発表されたあたりではっきりしてくる。

仮に業績予想が売上高で100億円だとして、第3四半期までに達成できたのが60億円だとしたらどうだろうか。予想に対する進捗率は60%だ。本来なら75%の進捗率はほしいところだが、それに15%足りないということになったら、やはり未達のリスクが高まってくる。

そういう時にもIR担当者にヒアリングする。**「進捗率が60%しかないのですが、本当に第4四半期で予想を達成できるんですか？」**と聞いてみよう。

これに対して、IR担当者がどう答えるか。「弊社は季節要因があって、売上、利益ともに第4四半期に集中する傾向があります」という答えが返ってくるならば、それはそれで十分に納得のいく話だ。

一方、もし、第2四半期が終わった時点での進捗率が60%になっていたら、業績の上方修正の可能性が高まってくるだろう。

そっかー。ここでIR担当者の話を聞いて、「思ったより低くなりそうだ」と思ったら、

売ってもいいんだよね。

営業利益の増減を予想するだけで十分に勝負できる

今、説明したように、営業利益が増えるのかどうかを自分なりに調べるだけでも、十分に勝負できる。ただし、選ぶ銘柄はあくまでもプロの投資家が入り込んでいないものというのが前提条件であることは、すでに触れた通りだ。

中長期投資に適した銘柄を選ぶとなると、キャッシュフローなどまた別の要素をチェックする必要があるのだけれども、少なくとも**短期売買で利益をあげるとしたら、営業利益の増減を予想するだけでも十分、利益を稼げるはずなんだ。**

やっぱりプロの方は、経営者に話を聞いたり工場や店舗を見たりして、考えていくんですか？

ちょっとした裏話をすると、ファンドマネジャーが企業訪問をして、経営者や財務担当役員にいろいろ話を聞き、工場や店舗を見学して……、なんて話をすることがあるけど、あれには半分作り話が入っている。正直なところ、そんなに細かく聞いていない。

実際には、15分もあれば企業取材が終わってしまうケースもある。

え――――って思うでしょ。でも、本当。長期投資になると話は違ってくるのだけれども、比較的短期の売買で、決算を見てトレードする時は、いちいち「御社のビジネスモデルの特徴は?」、「同業他社との差別化要因は?」なんてことは聞かない。聞くとすれば「足元(の業績)はどうですか?」くらいのものだ。

それで、とにかく前述した売上高の進捗率をベースにして、予想以上に進捗率の高い企業を中心に、第3四半期での決算が公表されたあたりのタイミングを見計らって、第4四半期にかけて原価や販管費に大きな変動がないかどうかを各社の担当者に聞きまくっていくんだ。

もし原価や販管費が抑えられそうだということになったら、おそらく第4四半期にかけて業績が上方修正される可能性が高まってくる。そういう銘柄をどんどん見つけて、どんどんポートフォリオに組み入れていく。

そして、第4四半期の業績発表を待つ。

もし、これで第4四半期の業績が好調で通期の決算が上方修正されることになれば、それを好感して株式は買われる。株価は上がる。そして、**それ以前にその銘柄を仕込んでおいた僕たちは、静かに売り抜けて利益を確定させる。**僕たちが運用しているファンドの成績は上がり、ついでに僕たちのボーナスも増えるというわけだ。

まあ、僕たちのボーナス云々は別にしても、誰もカバーしていないような企業の決算であれば、プロの投資家が見ていないところで上方修正される企業はたくさんある。それを丹念に拾っていけば、個人でも株式投資で十分なリターンを狙えるはずなんだ。

プロがやっているのと同じ方法で、プロが目をつけていない企業に話を聞けば、確かにうまくいきそうね。

ちなみにIR担当者には、こんなことを聞くとよい、というのをまとめておくよ。

- **売上動向はどうなのか？　何のセグメントが良くて、何がいまいちか？　その要因は何なのか？　それは長期化するのか一時的なのか？**
- **原価はどうなっているのか（売上総利益がわかる）**

・販管費で特に計画と比較してより使うコストはあるのか？　逆に計画ほど使わないコストはあるのか？（営業利益がわかる）

株の値動きだけを見て買ってはいけない

それにしても、決算書ってやっぱり大事なんだ。株の値動きだけ見て買っちゃだめなんですね。

個人投資家の悪いところは、株価の動きしか見ていないということだ。株価が上がったからこの会社は良い状態にある、株価が下がったから悪い状態にあるという程度のことしか考えていない。

この程度の理解だけで投資しちゃ、ダメなんだよ。馬の情報をまったく持たない状態でダービーに賭けているのと同じじゃないか。決算説明書は、少なくとも競馬新聞に載っている馬の情報よりは詳しく、その企業が今、置かれている経営環境などに関する情報が載っているので、最初に必ず目を通すことが大切なんだ。

確かに。ゲームでキャラクターを選ぶ時も、その属性とか調べるもんね。

（株の本よりも健司の部屋はゲーム攻略本だらけだったなあ）

業績が良いと思って買ったのに実際はイマイチだったという銘柄を買わないためにも「ファンダメンタルズ分析」を使うのは有効だと思う。

公式

短期投資は営業利益の増減の予想だけでも勝負できる

Chapter 2

3C分析で業績予想を立ててみよう

今度は、少しだけプロっぽい決算書の見方を教えよう。次の3つのポイントで見て、購入する銘柄や購入するタイミングを考えていくんだ。

①全体の指標と比べる……GDPや個人消費といったマクロや地域別・産業別のセミマクロの統計と比較して、**その業界（サブセクター）**が本当にいいのかどうか調べてみる。たとえば、「100円ショップ」が業績がいいんじゃないかと思ったら、「小売業界」と「100円ショップ」で比べてみる。一般的な小売業界の業績よりも100円ショップの業績が良ければ魅力的だし、業績がいまいちであればそれほど魅力的ではないと考えられる

②同業他社と比べる……同業他社と比較して**その企業**が本当にいいのかどうか調べてみる。同業他社と比較してその企業の競争力が強かったり業績が良けれ

ば、その企業が魅力的であるという判断につながるし、逆も然り

③売上成長率と営業利益率などの過去からのトレンドを把握する……業績が伸びているのか、下がっているのか、過去と比べてその増減はどの程度なのかを見て、**今買うべき銘柄なのか**を考える

ちなみに、売上成長率は売上高がどのくらいの割合で成長したかを示し、営業利益率は売上高に対する利益の割合のことだよ。

たとえば株式会社東京ドームという会社がある。東京ドームは、簡単に言えばアミューズメント業界の会社なんだけど、野球場の東京ドームや東京ドームホテル、東京ドームシティアトラクションズなどを運営している会社で知られている。

今は新型コロナウイルスの感染によって下火になったけど、2019年くらいまではインバウンド観光客が日本に大挙して押し寄せてきていて、東京都のGDPも過去5年くらいずっと伸びていた。

そうであるにもかかわらず、東京ドームの株価が横ばいのままだとしたら、何かおかしいと思わないか？

そんな時は、ＩＲ担当者に「インバウンドも好調、景気も良いのに、なぜ御社は売上が横ばいなのですか？」と質問してみよう。

あるいは競合他社との比較で質問するのもいいだろう。「同じ業態のＡ社は売上が20％も伸びたのに、どうして御社の売上は横ばいなのでしょうか」と聞いてみる。

このように何かと比較することが肝心なんだ。ただ漠然と「売上が伸びているな〜」とか「利益が増えているな〜」というだけでは、分析でもなんでもない。それこそ「株価が上がっているけどなぜですか」などと聞いているのと大差ない。これでは聞かれたＩＲ担当者も、まともに取り合おうとしないだろう。

だから、**その銘柄の過去の動きをしっかり振り返りながら、競合他社と比べて良いのか悪いのか、あるいは外部環境と比べて変な動きになっていないかどうか**をチェックする。そして疑問があったら、それを素直にＩＲ担当者にぶつけてみる。この手の質問だったら、ＩＲ担当者も下手な答え方はできないと思って、真摯に考えて答えてくれるはずだ。

ちなみにプロは①から③まで単純に見ていくのではないよ。たとえば、②の同業他社との比較では、Ａ社は15％、Ｂ社は10％、Ｃ社は5％の売上成長率だったとする。一見、Ａ

一言解説

［利益率で予想するか、額で予想するか］ 売上と連動して費用が上下する変動費（原材料費など）の割合が高い企業は、売上高に利益率をかけなければコストが予想できないが、地代家賃など売上の増減にかかわらず常に発生する固定費の割合が高い企業は、絶対額や前年度との比較で予想できる。より精緻に求めたい場合は、１つの企業の中で使い分けたほうがよいこともある

社がよいように思ったけれど、③で過去の成長率のトレンドから見るとゆるやかに低下してきた結果の15%だったとする。こんなときは、一度②に戻ってB社やC社も同様の傾向があったのかチェックしてみる。すると、C社もA社と同様に下がっていたが、実はB社は成長率が加速していたとする。すると、今はB社のほうが成長率が低いが、将来はB社の成長率がA社を上回っていくのではないか、と推測できるね。こんなふうに**プロは①から③を繰り返して見ているん**だ。今後の宿題として考えておいてね。

公　式

売上成長率と営業利益率を、市場、競合、その会社の過去実績と比較しよう

Chapter 2

実践：決算書で企業の業績を予想してみる

ちょっとみんなでやってみようか。今回扱う銘柄は、全国に100円ショップを展開するワッツだ。時価総額が2021年8月19日現在で126億円で、1日の売買代金も5000万円程度と機関投資家が触りにくい銘柄を選んでみた。

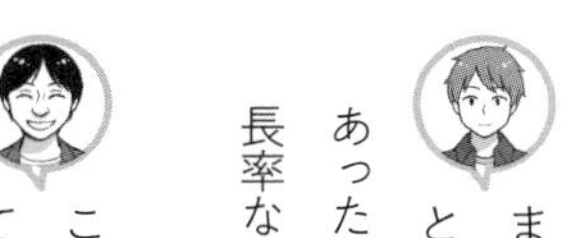

まずは**「①全体の指標と比べる」**。小売の市場規模とワッツの売上高の推移を比較すると、小売全体の過去3年間の平均売上成長率は0・9％（経済産業省商業動態統計）であったのに対し、ワッツは3・6％。でも、今期の予想に関しては、小売全体が0・6％の成長率なのに対し、ワッツはマイナス3・5％の成長率のようです。

こういう時は、今期の売上高が落ち込んでいる理由と、来期の予想を自分なりに分析してみて、IR担当者にぶつけてみるのもよいね。

「②同業他社と比べる」で他の100円ショップと比べるとどう？

類似する業態だと、セリアやキャンドゥかな。

それぞれの過去3年間の平均売上成長率は、ワッツが3・6％、セリアが8・0％、キャンドゥが2・0％、過去3年間の営業利益率の平均は、ワッツが2・3％、セリアが10・0％、キャンドゥが2・1％。つまり、売上成長率、営業利益率ともに、セリアが飛び抜けて高くて、ワッツ、キャンドゥの順で続くという結果になっている。

この事実から、ワッツの売上成長率や営業利益率がセリアに近づける可能性があるのか、それともこの差は構造的なもので、改善が見込めないのかを分析し、ＩＲ担当者に仮説をぶつけてみるのもいいだろう。

セリアに近づくなら、今後株価が上がっていくのかもしれないし、こういうことは、聞いた人にしかわからないですね。

[平均売上成長率] 平均売上成長率は、「(最後の年の売上高÷最初の年の売上高)年数分の1乗－1」で出せます。詳しくは次ページのエクセルで

ワッツ、セリア、キャンドゥの平均売上成長率と平均営業利益率

ワッツ	売上高 (100万円)	売上成長率	営業利益率	過去３年間の平均売上成長率
2017年8月期	47,494			3.6%
2018年8月期	49,480	4.2%	2.0%	過去３年間の平均営業利益率
2019年8月期	51,399	3.9%	1.4%	
2020年8月期	52,795	2.7%	3.4%	2.3%

セリア	売上高 (100万円)	売上成長率	営業利益率	過去３年間の平均売上成長率
2018年3月期	159,114			8.0%
2019年3月期	170,482	7.1%	9.8%	過去３年間の平均営業利益率
2020年3月期	181,476	6.4%	9.7%	
2021年3月期	200,682	10.6%	10.6%	10.0%

キャンドゥ	売上高 (100万円)	売上成長率	営業利益率	過去３年間の平均売上成長率
2017年11月期	68,829			2.0%
2018年11月期	70,741	2.8%	2.6%	過去３年間の平均営業利益率
2019年11月期	71,297	0.8%	1.7%	
2020年11月期	73,034	2.4%	2.1%	2.1%

[計算の仕方]

・平均売上成長率は、「(最後の年の売上高÷最初の年の売上高)年数分の１乗－１」で計算
2020年８月期までの３年間の場合は、「(2020年８月の値÷2017年８月の値)３分の１乗」－１）で計算
エクセルでは、「(2020年８月の値／2017年８月の値)^(1／3)－1」と入力

・平均営業利益率は、各年の営業利益率を足して３で割る

最後に、「**③過去からのトレンドを把握する**」ですね。

ここでは売上成長率と営業利益率について見ていくよ。

売上成長率は「(今年の売上高÷前年の売上高)－1」、営業利益率は「営業利益÷売上高」で計算できますね。

ワッツ社の過去の実績として、売上成長率を見てみると、2016年8月期から19年8月期まで、3~4%前後の成長率を続けていたものの、前期は2・7%、今期予想はマイナス3・5%となっている。このデータから、今期が一時的な下落で来期以降成長率が回復する見込みがあるのか、今後構造的に伸びが鈍化するのかは分析する必要があるね。

次は、営業利益率についてだが、2013年8月期の5%から19年8月期の1・4%まで、毎年下落していたものの、前期は3・4%、今期予想も3・6%と改善している。こちらに関しても、コロナなどの影響による一時的なものなのか、今後もこの水準を維持できるのかを分析する必要がある。

ワッツ社の売上高成長率と営業利益率

ワッツ				
決算期	売上高（100万円）	営業利益	売上成長率	営業利益率
2011年8月	38,188	1,819		4.8%
2012年8月	40,759	2,057	6.7%	5.0%
2013年8月	41,725	2,076	2.4%	5.0%
2014年8月	43,573	1,785	4.4%	4.1%
2015年8月	44,462	1,258	2.0%	2.8%
2016年8月	46,176	1,206	3.9%	2.6%
2017年8月	47,494	1,210	2.9%	2.5%
2018年8月	49,480	976	4.2%	2.0%
2019年8月	51,399	718	3.9%	1.4%
2020年8月	52,795	1,769	2.7%	3.4%
2021年8月E	50,960	1,835	-3.5%	3.6%

（計算の仕方）

①決算短信や各種の株価情報サイトから、売上高、営業利益を入力

②売上成長率のセルに「(今年の売上高のセル÷前年の売上高のセル)－1」を入力
（上の表なら2012年８月と売上成長率がぶつかるセル）
下にドラッグして自動で計算

③営業利益率に「営業利益÷売上高」を入力
（上の表なら2011年８月と営業利益率がぶつかるセル）
下にドラッグして自動で計算

エクセルの表は右の QR コード
からもダウンロードできます

計算が大変という人もいると思うので、エクセルの表を https://isbn2.sbcr.jp/10838/ に置いておきますね。

公式

計算が面倒な人はエクセルで

Chapter 2

業績予想をするためには、数字を「分解」する

そういえば、なんで売上成長率と営業利益率を考えるの？

最終的に予想したいのは、「予想営業利益」と「予想売上高」だ。でも、売上高でも営業利益でも実際の数字を直接求めるのは不可能に近い。だから、たとえば今期末の予想営業利益を出すには、**①前期の売上に予想成長率をかけて今期の予想売上高を出す、②①で出した今期の予想売上高に予想営業利益率をかける**ことで、計算していくんだ。

式で表すと、予想営業利益は「予想売上高×予想営業利益率」、予想売上高は「前期売上高×予想売上成長率」ですね。決算情報を見れば前期売上高はわかるから、予想売上成長率と予想営業利益率が見積もれれば、予想営業利益や予想売上高が推測できることになるということですね。どんなふうに予想していくのか、もう少し詳しく教えてくれませんか。

予想の仕方はたくさんあるんだけど、まず大事なのは、**「数字を分解する」**ということかな。分解して次の数字がどうなるかを予想していくんだ。

たとえば、売上高から原価と販管費を差し引いたものが営業利益になる。ということで、原価や販管費などのコストがこれからどうなるのかを読めば、営業利益の予想ができる。販管費は**「有価証券報告書」**を見れば、どういうものがあるのかの内訳が記載されている。

たとえば、有価証券報告書を見て、「第4四半期で大きく経費削減をします」ということがわかれば、その分だけ営業利益が増えるかもしれない。逆に「第4四半期にテレビ広告を打ちます」となれば、広告宣伝費や販売促進費がかさんでくるので、その分だけ利益が減ることになる。

したがって、売上高の見通しを立てたら、あとは原価やコストの部分で何か増えたり減ったりするものはないのか、特殊要因でコスト増になるものはないのかといった点に留意していく。それらをチェックすれば、営業利益がもう少し増えそうだとか、減りそうだというのが見えてくるはずだ。

コスト増につながるものについては、有価証券報告書のどこを見たらいいですか？　なんせページ数が多くて……。

「販売費及び一般管理費」のところか、**「注記事項」**のところに書いてある。短期決算資料にも詳細を載せている企業は多い。流れとしては、注記事項を読んで販管費の内訳、昨年との変化を把握し、次に経営方針や成績の分析などを読んで、会社が販管費をどのように捉えているのかを把握しよう。

有価証券報告書のどこに書いてあるのか、探すのが大変なら、「Ctrl+F（もしくはCommand+F）」で「販管費」を検索すればすぐ見つかるよ。

もう少し短期で投資をしたい場合は、より細かく、四半期で作ったほうがいいと思うよ。分解の方法はほかにもあるので、紹介しておくね。

◎売上高　原価、販管費、営業利益

◎販管費　人件費、広告宣伝費、賃借料（店舗やオフィスといった不動産など）

◎その他の売上高の分解の方法

・事業セグメントごとの売上高

・地域ごとの売上高

・既存店・新規出店ごとの売上高

・四半期、月次ごとの売上高

売上高は、原価・販管費のような分解もできるけれど、そのほかに「どこで売上をあげたのか」（事業セグメント、地域など）、「いつ売上をあげたのか」（四半期、月次など）で分解することもできる。

ここまでは「足し算」の分解だったけれど、さらに「掛け算」で考える方法もある。

・客数×客単価

・社員数×社員1人あたりの売上高

・市場規模×シェア

小売業のように客数と客単価の前年度比の月次データを公表している会社があれば、客数と客単価に分解する方法が有効だし、営業担当者の頑張り次第で業績が決まるような会社であれば、営業の人数に平均成績をかければいいし、食品や飲料のようにプレーヤーが少なくて、市場規模とシェアがわかりやすい会社であれば、市場規模にシェアをかければいいだろう。

重要なのは、その会社のビジネスモデルや得られるデータの精度などを加味しながら、予想の精度が高くなるように、その会社に合った分解の方法をそのつど考えることだ。

有価証券報告書と、今までの数字を見ながら、どのくらいの数字になるか予想していくのですね。

そうだね。**時系列で見るとそんなに変わるものでもない数字もある**から、過去の数字を参考にして予想を立てるとよいと思う。

何を調べればいいのかの目的がわかれば、キーワードを検索すればいいだけだから、厚い有価証券報告書も必要なところだけ見ることができますね。

足し算・掛け算の他に、先ほどの3C分析も予想に使える。3Cは、足し算・掛け算で分解した後に、実際の数字を予測する際に使うといいよ。

たとえば、新型コロナウイルスの流行をきっかけに成長が加速した企業なら、自社の過去の実績よりは高い成長率が期待できるし、競合が急成長してシェアを拡大している場合には、あまり高い成長は期待できないだろうし、営業利益率も下がる危険性があるね。このように、その会社が置かれている状況を多面的にとらえて成長率や利益率を分析することが重要だ。

1つ注意しておきたいのが、業績予想の時に直接営業利益を求めていたらそれでいいのだけれど、一旦売上高を求めていたのなら、そこから会社の原価や販管費といったコスト構造を分析して、営業利益を求める必要がある。一部の成長企業をのぞいて、最終的に予想すべきなのが、営業利益だということは忘れてはいけないよ。

あくまで予想しなければいけないのは「営業利益」なのですね。

ちなみに、予測と実際の業績の関係から、優先すべき銘柄を考えると、次のようになるよ。

①（予想）業績は良いと予想　↓　（実際）業績が思っていた以上に良い

②（予想）業績はイマイチと予想　↓　（実際）業績が良い

（ただし、市場が弱気なので待っている間に株価が下がるリスクがある）

③（予想）業績がイマイチだと予想　↓　（実際）業績がやっぱりイマイチ

④（予想）業績が良いと予想　↓　（実際）業績がイマイチ

公式

より精緻に分析したいなら、「売上高」「販管費」を分解してみよう

Chapter 2

「バリュエーション」で割安株を見つける

今までは決算書で業績を見てきたけれど、みんなにはもう1つ確認してもらいたいことがある。それが「バリュエーション」だ。バリュエーションという言葉は、評価や査定、価値判断という意味を持っているけれど、それを株式投資に当てはめると、株価の割高・割安を判断するということになる。なかでも、**PER**が定番だね。株価収益率と言われるのだけど、PERというのは、**今の株価が割高なのか、それとも割安なのかを判断するために用いられている株価指標のこと**なんだ。

PER？　また知らない言葉が出てきた……。

PERは、**「バリュエーション」**で使われる指標の1つだよ。バリュエーションという言葉は、評価や査定、価値判断という意味を持っているのだけれども、それを株式投資に

当てはめると、**株価の割高・割安を判断する**ということになる。
ここでよく出てくる指標をまとめておこう。

- **PER（株価収益率）＝1株あたりの当期純利益に対して、株価が何倍になっているかを表す**［株価÷1株あたり利益（EPS）］
- **EPS（1株あたり純利益。1株あたりどれだけ利益を稼いでいるか）**［税引後当期純利益÷発行株式数］
- **PBR（株価純資産倍率。1株あたり純資産の何倍まで買われているか）**［株価÷1株あたり純資産（BPS）］
- **BPS（1株あたり純資産）＝1株あたりの会社の純資産**［純資産÷発行済株式総数］
- **ROE（自己資本利益率）＝株主から見ての収益性を示す**［税引後当期純利益÷株主資本］

※PERで使う利益は、今期の会社予想の税引後当期純利益を使うことが多い

一言解説

EPS、BPS、ROE はバリュエーションの指標ではないが、株価の割安・割高の判断に使われるので一緒に説明します

ＰＥＲにしてもＰＢＲにしても、あまりにもいろいろなところで言われ尽くしているので、奇をてらってのことなのか、なかには「こんなものを見ても意味がない」ということを言う人もいるのだけれども、僕自身はやっぱり大事だと思っている。

公式

「バリュエーション」で株価の割安・割高を見る

Chapter 2

PERで割高・割安を判断する

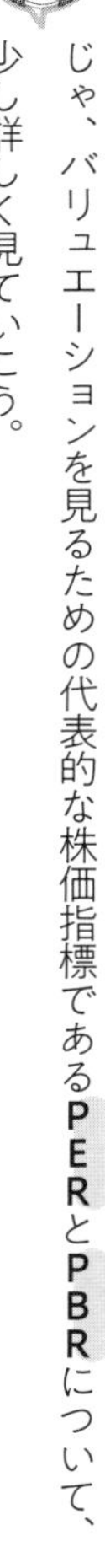

じゃ、バリュエーションを見るための代表的な株価指標である**PER**と**PBR**について、少し詳しく見ていこう。

PERについては前項で少し触れたように、「株価収益率」といって、株価を1株あたり利益で割って求められる。

式にすると、**「PER＝株価÷EPS（1株あたり利益）」**。これを変形すると、次の式が導き出せる。

株価＝EPS（1株あたり利益）×PER（市場の期待値）

これが何を意味しているのかというと、**市場の期待値であるPERに変化がない場合、利益見通しであるEPSが上昇すれば株価は値上がりし、利益見通しが低下すれば株価は値下がりする**ということだ（160ページ上図参照）。

決算書の読み方で習ったように、業績予想が上方修正されたら、株価は上がるってことね。

一方、利益見通しである**EPSに変化がなかったとしても、何か大きなテーマが盛り上がって市場の期待値であるPERが高まれば、株価は値上がりするし、逆に市場の期待値が萎（しぼ）めば、株価は値下がりする**（次ページ上図参照）。

たとえば、任天堂は1株あたりの利益がずっと高いけれど、それに加えて期待のゲームソフトが出るとするとPERが上がってさらに株価が上がる、みたいなことかな。

PERとかPBRとか毎回計算しなきゃいけないの？

大体株式情報のサイトを見ればわかる（次ページ下画面参照）。

EPSとPERと株価の関係

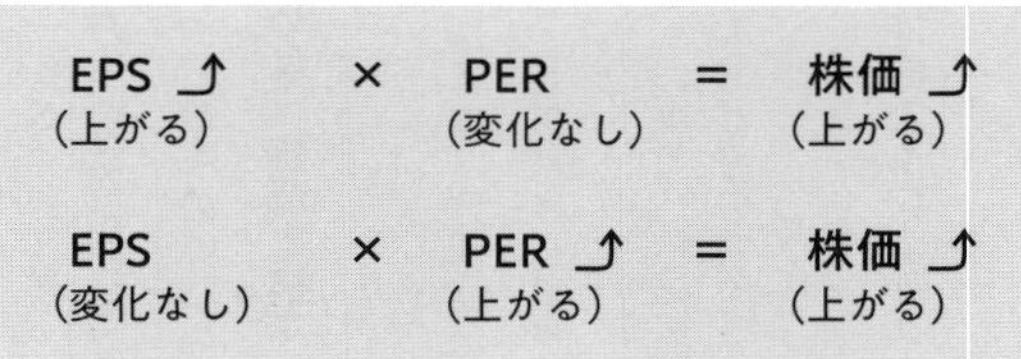

PBRやEPSは株価の銘柄情報で確認

［バフェット・コード］

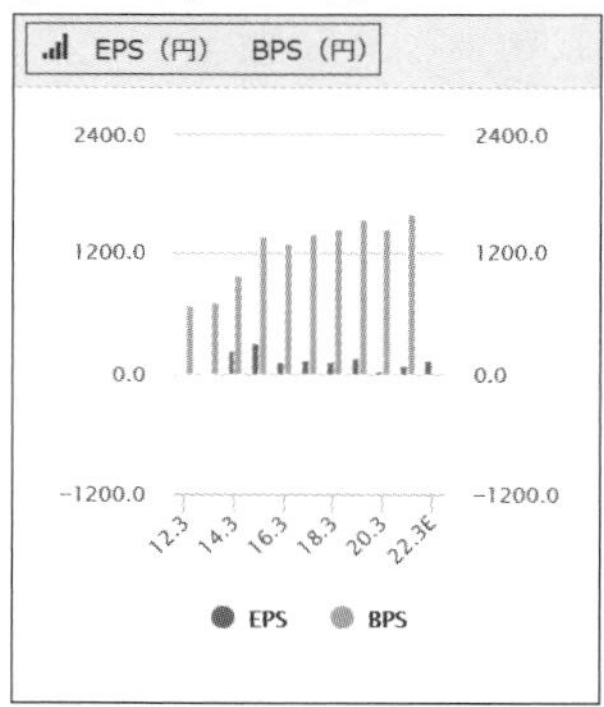

（画像はバフェット・コード　2021年９月19日調べ）

「株探」

貸借	株価20分ディレイ → リアルタイムに変更		クレスコの【株価予想】【業績予想】を見る			
4674 クレスコ	東証1　15:00	業績 ➡	PER	PBR	利回り	信用倍率
★ 2,086円 前日比	+69 (+3.42%)	情報・通信業	15.4倍	2.22倍	1.92%	1.09倍
比較される銘柄 Ubicom、エヌアイデイ、DTS		単位 100株	時価総額			480億円

（画像は株探　2021年９月19日調べ）

「PER」は3つの基準で比較して見る

でも「PER25倍」と言われても、高いのか低いのかわからないかも……。

これはPERだけでなくPBRにも当てはまることなんだけど、その数字だけを見て割高なのか、それとも割安なのかを判断することはできない。

まずPERについては、次の3つの基準で見ていこう。

①対TOPIXで比較する

②同業他社と比較する

③その銘柄のヒストリカル（過去の推移）の水準と比較する

ヒストリカルというのは、過去の推移で見るということ。たとえば過去5年とか、10年とかのPERの推移を見て、今の水準が高いのか、それとも低いのかをチェックする。

ＰＥＲの推移はどこかで見られるの？

たとえば、「バフェット・コード」で見られるよ。各銘柄を検索して出てきたページに載っている。

ＴＯＰＩＸのＰＥＲは２０２１年６月時点で17倍程度。調べている銘柄のＰＥＲは、この17倍に対して高いのか、低いのかをチェックする。

ＴＯＰＩＸのＰＥＲは、どこに出てるの？

モーニングスターのサイトにあるよ。「株式」→「各種データ」→「東証一部業種別データ」の中で見られる。

そして同業他社という点では「業種別ＰＥＲ」が参考になる。ちなみにソニーのＰＥＲは２０２１年８月時点で20倍前後だが、ソニーが属している業種の「電気機器」のＰＥ

Rは、東証一部で28・5倍となっている（2021年7月）。

業種別のデータは日本取引所グループのサイトの「マーケット情報」→「統計情報（株式関連）」→「その他統計資料」の中に出ているね。

実際のデータで見てみようか。

ソニーグループのPERを過去2年間のヒストリカルで見ると、2020年の10月に21・53倍というのがあって、これが最も高く、逆に低いのは2020年3月の11・82倍だった（Bloomberg）。これらの点を総合すると、ソニーグループの今のPERは、対TOPIXでは高く、同業他社では平均かやや割安、ヒストリカルで見ると比較的高い、ということになるだろうか。どちらかというと、やや割高という気がする。

ただ、実際にPERで割高、割安を判断する際には、現時点の数字でこのように判断するのではなく、**将来の成長期待を予測して判断する**のが普通だ。

たとえば株価が5000円で、今期の1株あたり利益が200円という企業があっ

来期の予想を考える

【今期】株価5000円　1株あたり利益200円
PER 5000円÷200円＝25倍
利益が20％伸びる
【来期】株価5000円　1株あたり240円
PER 5000円÷240円＝20.8倍

来期の予想は「決算短信」にも出てくるから、見ておいてくださいね！

たとしよう。この企業の今期のＰＥＲは、

５０００円÷２００円＝25倍

ということになる。

ところが来期に向けて、利益が20％伸びるとしたら、どうなるだろうか。今期の１株あたり利益が２００円なので、これが来期には２４０円になると予想される。この予想値をベースにして来期のＰＥＲを計算すると、

５０００円÷２４０円＝20・８倍

ということになる。

今期の利益で判断するとＰＥＲは25倍だが、より利益が成長した来期の利益で計算すると、20倍そこそこのＰＥＲになるので、現在のＰＥＲ25倍で見た株価よりも割安になると判断できる。今期から来期にかけての利益成長の確度が高いと考え

られるのであれば、今の株価の割高・割安の判断を、今期の業績ではなく来期の業績で判断したい。

公式

TOPIX・同業他社・過去とPERを比較して、割安感を調べる

Chapter 2

PBRは1倍を割れたら割安!?

次にPBR。これは「株価純資産倍率」といって、計算式は次のようになる。

PBR＝株価÷1株あたり純資産（BPS）

これは、企業を解散させた時、株主に対してその企業が持っている純資産を配当した時の価値と考えられている。

でもはっきりいって、PBRは最近あまり重視していない人も多い。

さてPBRについて説明するためには、まず純資産とは何かということを理解しておく必要があるだろう。そのためには貸借対照表を見てほしい。

貸借対照表は、左側（借方）に資産が記載されていて、その合計額が「総資産」になる。調達してきたお金を、企業がどのような形で活用して収益をあげているのかを

貸借対照表の構成

借方	貸方
総資産	負債（他人資本）
	純資産（自分資本）

示したものだ。

次に右側（貸方）には、負債と資本が記載されている。これは、企業活動に必要なお金の出所を示したものと考えていいだろう。

このうち、総資産から負債を差し引いたものが、「純資産」になる。だから、この純資産を発行済株式数で割った「1株あたり純資産」が、企業の解散価値と考えられている。

したがって、PBRが1倍を割り込んだ場合は、その株価でその企業の株式をすべて買い、そのまま解散させれば株主は利益を得られるという理屈になる。

実際にそんなこともあるんですか？

実際にそんなことをするケースは稀なので、あくまでも机上の理論なのだけど、そんなことから**PBRが1倍割れの銘柄の株価は「割安」だと判断される。**

日本企業のＰＢＲを見ると、結構1倍よりも低いものが多い。ちなみに地方銀行のＰＢＲは、軒並み1倍割れどころか、0・1倍とか、0・4倍というように、とにかくめちゃくちゃに割安な水準に放置されたままの銘柄ばかりなんだ。

地方銀行に限らず、ＰＢＲが1倍未満の水準に放置されているのは、様々な理由が思いつくのだけれども、やっぱり将来的に純資産が毀損（きそん）されるリスクを織り込んでいると考えるべきだろう。純資産の毀損って、要は返さなくていい資本を食いつぶす可能性があると思われているということだから、当然今後の経営状態が芳しくないと思われていると言える。

なので、ＰＢＲがめちゃくちゃ低いからといって、喜んでばかりもいられない。なかには**「万年低ＰＢＲ銘柄」**などと言って、ずっと割安のまま放置されている企業もある。この手の銘柄に投資しても、株価が上がらないどころか、ある日突然死に見舞われることもあるから要注意だ。

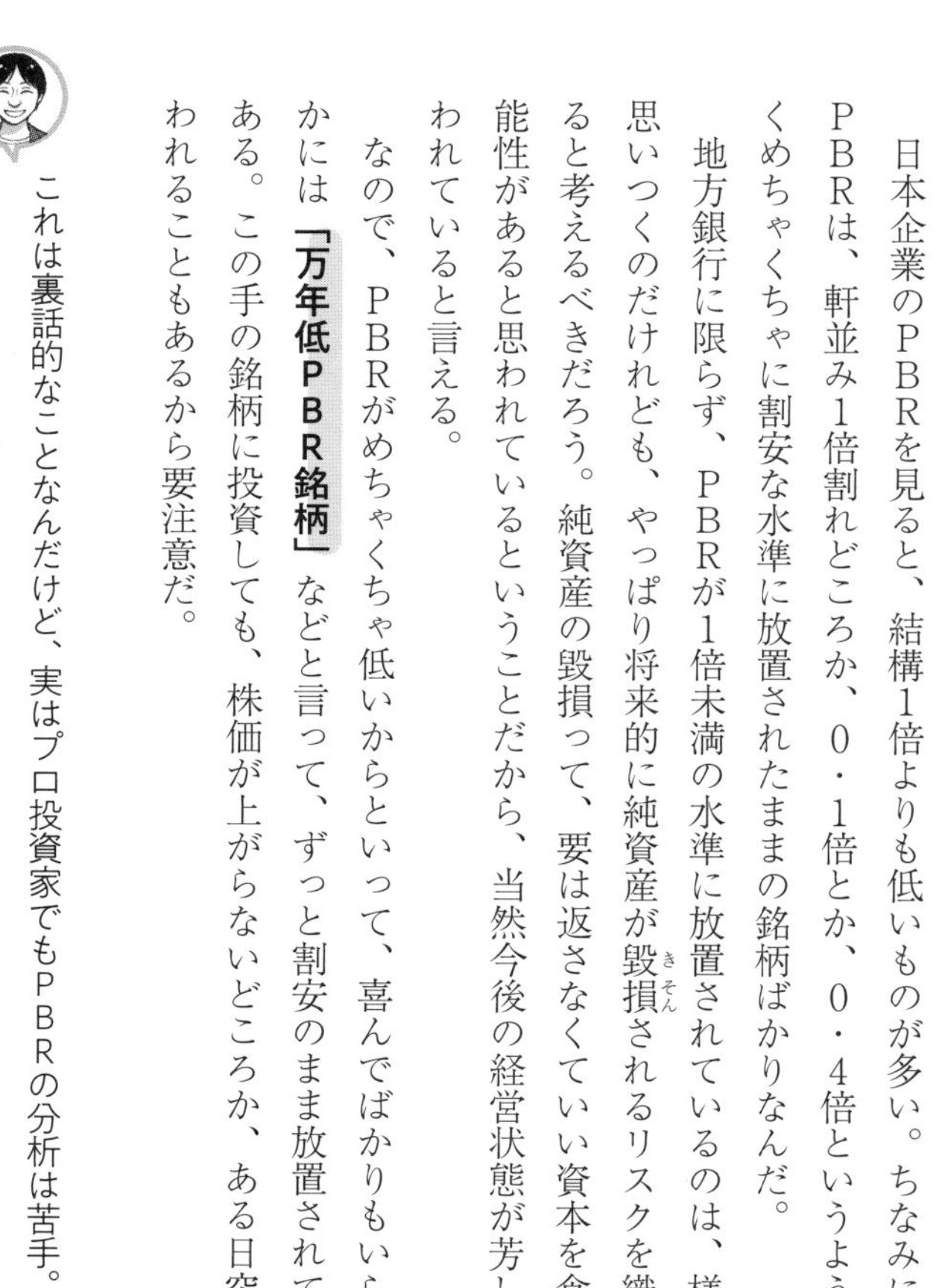

これは裏話的なことなんだけど、実はプロ投資家でもＰＢＲの分析は苦手。なぜなら、よくわからないから。

別に貸借対照表の見方がわからないということではないよ。プロ投資家である以上、貸借対照表や損益計算書、キャッシュフロー計算書の見方くらいは一通りマスターしている。

けれども、実は貸借対照表に載っている数字をそのまま当てにしてよいのかどうかが、よくわからないんだ。たとえば10億円で資産計上されているものが、実は半値の5億円の価値しかなかったことが判明するなどといったことはよくあることだ。

それを防ぐために、資産の中身を細かくチェックして、貸借対照表に計上されている金額と、実際に評価されている金額との付け合わせをするなんてことは、はっきりいって無理だ。

ということは、個人がここを分析するのは、ほぼ不可能に近いということ。そして、まともに分析することが不可能な領域を一所懸命にやるのは、時間の無駄でもある。その点はよく理解しておくべきだろう。

公式

PBRは、そこまで見なくて大丈夫

Chapter 2

ROE＝株主に対してどれだけの利益をあげたのか

もう1つ、ここ数年、株式市場で注目を集めた「**ROE**」についても触れておこう。

ROEは「自己資本利益率」と言われ、**株主に対してどれだけの利益をあげたのか**ということを示す指標だ。バリュエーションの指標ではないけれど、よく出てくるので覚えておいてね。

前述したように、最終的に企業に残った税引後当期純利益は、株主に帰属する利益になる。

この税引後当期純利益を自己資本で割って求められるのが、今期の株主への見返りとなるROEだ。

ROEの計算式は次のようになる。

一言解説

【ROE】一言で言ってしまうと、投資家にどれだけの利益を返せるかということ。資本効率を示す指標の1つ

ROE（％）＝税引後当期純利益÷自己資本×１００

ただし、ROEには注意点がある。それは利益の水準によって次の年のROEが大きく変わってしまうケースがあるということだ。税引後当期純利益は毎年の利益によって変わってくるからね。したがって投資家としては、**企業が継続的に安定した利益を上げ続けられるのか、利益成長は期待できるのか**という点を、しっかり見ることが重要になってくる。また、借入を増やすことによってROEを高めることができる。借入を増やすことを財務レバレッジをかけると言うが、このように企業の財務戦略によってROEの水準は変化することも覚えておいてほしい。

ROEは8％が目安になる

それで……、結局どうしたら儲かるんですか？

一言で言えば、**ROEが8％以上**など、ROEが高い企業は株価も上がる可能性が高い、

日経平均株価のROEとPBRの関係

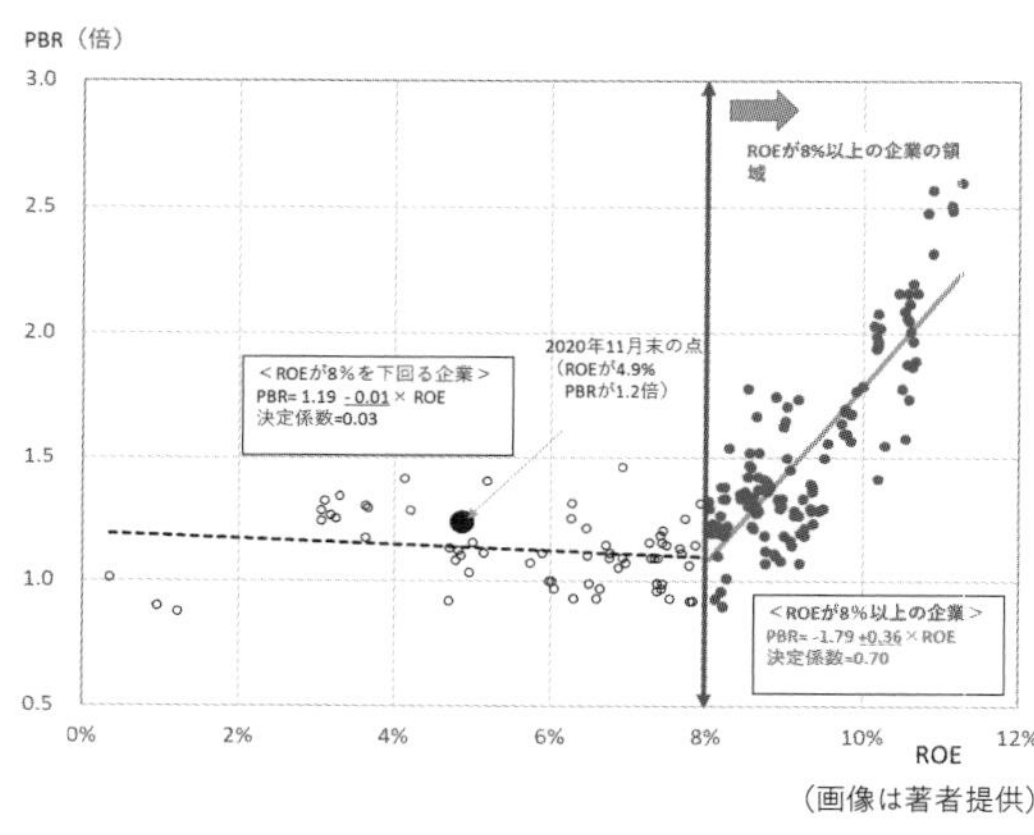

（画像は著者提供）

ということかな。

　日本を代表する企業のＲＯＥを見ると、トヨタ自動車が10・21％（2021年3月期決算）で、ＰＢＲが1・18倍。ファーストリテイリングが9・5％（2020年8月期決算）で、ＰＢＲが7・98倍。ソニーグループが24・16％（2021年3月期決算）で、ＰＢＲが2・41倍となっている（いずれもBloomberg）。いずれの企業もＲＯＥが高いのとともに、ＰＢＲも1倍を大きく上回っていることがわかると思う。

　しかし、米国企業のＲＯＥは日本と比べ物にならないくらい高い。大体、日本の倍と言われており、平均で15％くらいはある。当然、ＰＢＲも高く、Ｓ＆Ｐ500の平均で４・５倍程度にもなる。

日本企業の１倍を割り込んだＰＢＲを見慣れていると、４・５倍のＰＢＲはいかにも割高に見えるが、実はそうではない。米国企業は株主のために稼いでいるからこそ、ＰＢＲが高くなるとも考えられる。

ちなみに右にグラフを１つ用意した。縦軸にＰＢＲ、横軸にＲＯＥをとり、両者の関係を示したものだ。僕はＲＯＥの目標値を８％としているんだけど、その値を超えてくると、ＰＢＲも上昇するという相関性が見てとれる。

つまりＲＯＥが上昇すると、企業の収益性も改善することを、このグラフは示唆している。

逆の言い方をすると、**ＲＯＥが８％を超える水準にならなければ、株式市場において評価される対象にすら入れない**ということだ。まずＲＯＥが８％を超える水準に達した時点ではじめて、ＰＥＲやＰＢＲを用いて割高・割安を評価する意味が出てくるんだ。

ROEが高い企業は、株価も高いまま維持されることが多い

次に、ちょっとした試算をしてみた。

1つ目のグラフは、TOPIXの上位500銘柄を、過去5年間のROEの平均値で「上位」、「中位」、「下位」の3グループに分け、それが次の5年間でどのくらい上位に残っていたのかを示したものだ。

たとえば1991年から1995年までの5年間で「上位」にいた企業のうち、次の5年間に該当する1996年から2000年も「上位」に入っていた企業は、55・5%あったことを示している。これが次ページ上の2本の棒グラフのうち左側の棒グラフだ。一方、右側の棒グラフは、「下位」から「上位」に移行してきた比率を示したもので、これが18・7%を占めている。

次に、1996年から2000年までの数字を用いて、同じく平均ROEの「上位」、「中位」、「下位」の3グループに分け、2001年から2005年までの間に「上位」に入っていた企業の比率を見ると、58・3%が上位に残り、21・5%が「下位」から「上位」に上がってきたことがわかる。

そもそもROEが高い企業のほうが高いROEを維持し続けられる

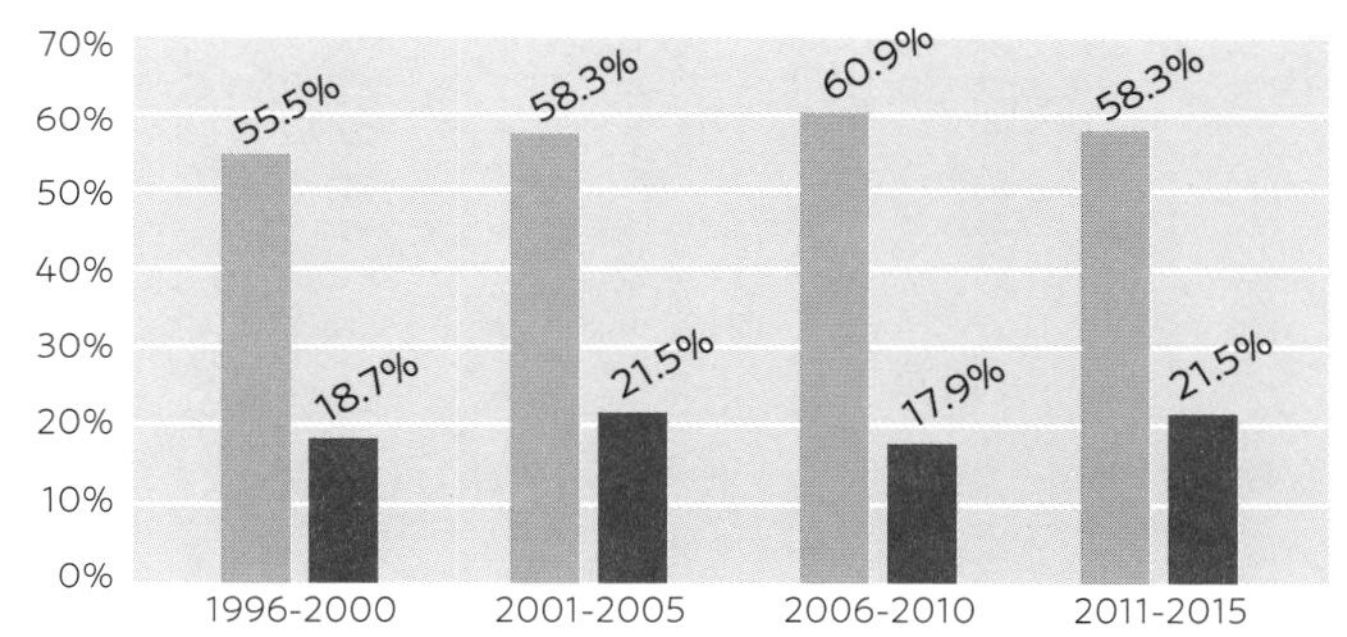

※それぞれの年代の左が「上位→上位」、右が「下位→上位」　（著者の分析による）

ROEと株価の関係＝ROEが高い企業に投資したほうが有利

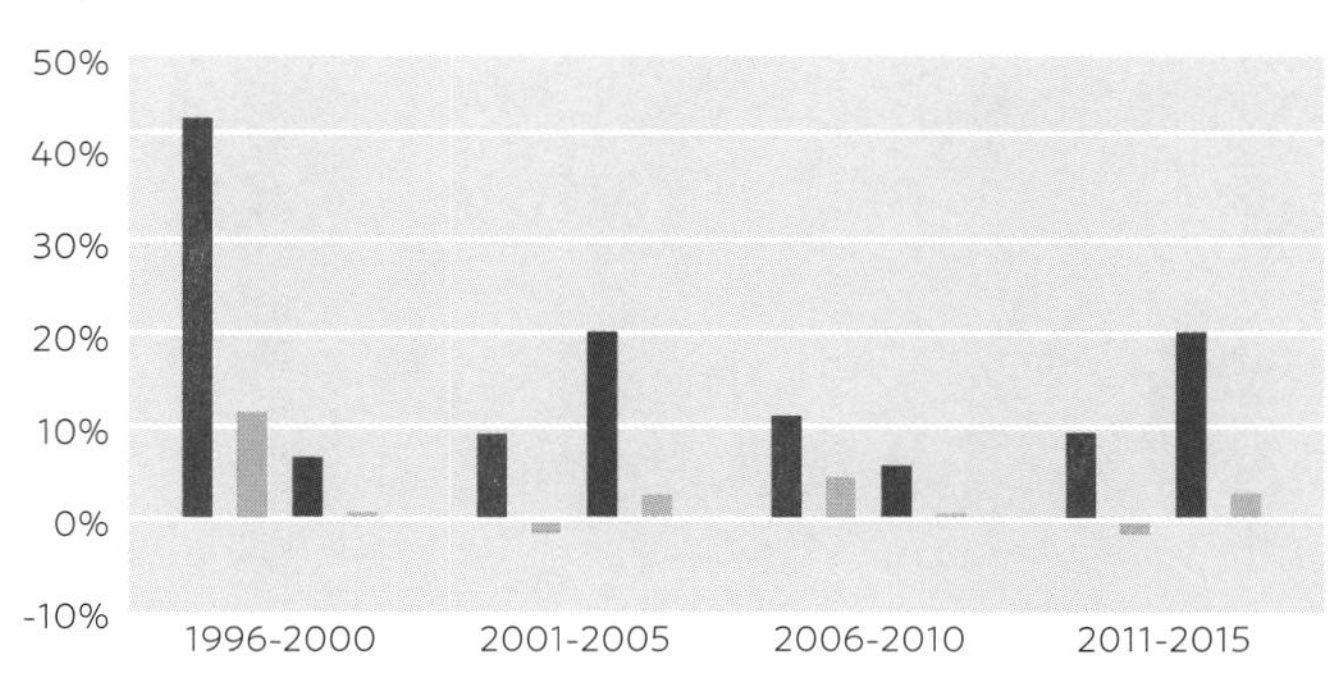

※それぞれの年代の左から「上位→上位」、「上位→下位」、「下位→上位」、「下位→下位」
（著者の分析による）

何が言いたいのかというと、ROEが中位、下位の企業が上位に移行するのは少数だけれども、上位の企業はそもそも意識が高いので、上位を維持できる可能性が高いということなんだ。したがって、ROEが低い企業の中から、ROEを高めるために努力をしている企業を発掘するよりも、**そもそもROEの高い企業から投資先を探したほうが効率は高い**ということが言える。

それとともに、もう1つ下のグラフも見てほしい。これは、それぞれのリターンを示している。

各期間で4本の棒グラフが立っているが、これは左から、「ROEが上位のまま」、「ROE上位にいたけれども下位に落ちたところ」、「下位から上位に上がったところ」、「下位のまま」の4つだ。これを見れば一目瞭然で、上位にい続けている企業と、上位から下位に落ちた企業とでは、明確なパフォーマンス差（株価のリターンの差）が見てとれる。明らかにROEが上位のままの企業に投資したほうが有利ということだ。

それとともに、ROEが下位から上位に上がった企業は、常に上位にいる企業よりもパフォーマンスが優秀である可能性がある。1996年から2000年までの5年間については、常に上位にいる企業のパフォーマンスが、他グループのそれを圧倒しているが、２００１年から２００５年と、２０１１年から２０１５年という２つの期間においては、下位から上位に上がった企業のパフォーマンスが、他グループのパフォーマンスを大きく上回っている。

断定はできないが、この結果からも、**ＲＯＥの数値を改善させた企業の株式は買われる傾向があると考えられる**。と同時に、ＲＯＥが高い企業は、利益成長がそれほど高くなかったとしても、高めのＲＯＥを維持することさえできれば、株価的にはしっかり安定して推移する可能性が高いとも考えられるんだ。

買うべき銘柄を選ぶ基準の１つはＲＯＥね。

特に、**中長期でずっと持っていたい場合は、ＲＯＥを意識したいね**。

公式

長期的に持ちたいならＲＯＥ８％以上が１つの基準になる

Chapter 2

実践・バリュエーションで「割安株」「成長株」を見つける

割安株・成長株って？

割安株・成長株というのを聞いたことがあるんだけど、あれは何ですか？

投資の仕方の話だよ。**割安株とは、ファンダメンタルズ（企業価値）が良いのに、株価が安い銘柄**。バリュー株とも呼ばれる。僕たちがやろうとしているのもこちらに近いかな。一方、**成長株とは現状でも高い株価だけど、さらに成長が見込める銘柄に投資すること**。最先端の技術を持った企業などが多く、グロース株などと言われる。

そして、そもそも「割安株投資」や「成長株投資」といった場合に、何をもって割安株であると考えればいいのか、あるいは成長株であると考えればいいのか、という点を整理しておく必要があるだろう。ここから説明していくね。

まず割安株の考え方について。これは**「何に対して割安なのか」**という点さえ表現できれば割安株投資になる。ＰＥＲで見てもＰＢＲで見てもいい。まあ、基本的には両方をチェックして、相対的に割安かどうかをチェックする。

割安株は3つの基準で比較して見つける

その時に用いるのが、ＰＥＲの時にも出ていた3つの基準なんだ。

①の**「全体の指標と比べる」**については、ＴＯＰＩＸのＰＥＲが21・2倍で、ＰＢＲが1・3倍の時、ある銘柄のＰＥＲが10倍で、ＰＢＲが0・8倍だとしたら、やはりこの銘柄の株価は割安に放置されていることになる。

チヨダのPBRの推移

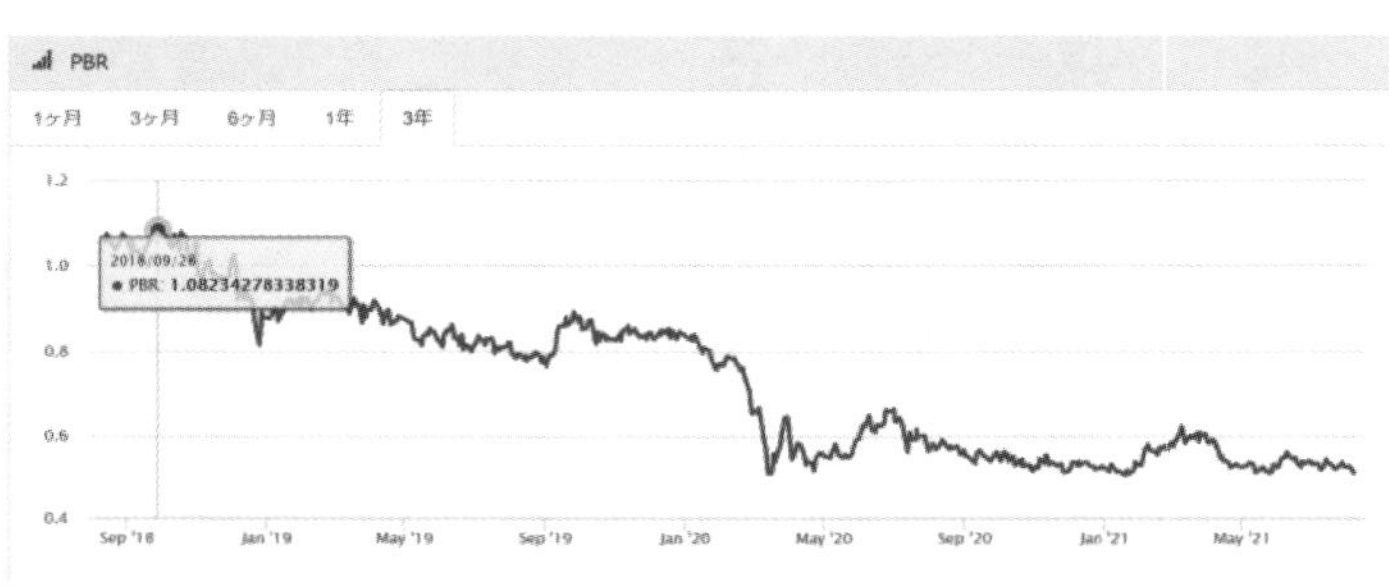

（画像はバフェット・コード　2021年８月５日調べ）

そして②**「同業他社と比較する」**については、たとえば靴業界で言うと、チヨダのＰＢＲが０・５倍で、ＡＢＣマートが２倍だとしたら、明らかにチヨダの株価は割安だと判断できる。

このように、ＰＥＲでもＰＢＲでも、どちらでもよいので、とにかく何かに対して安いものに投資するというのが、割安株投資の定義になる。

最後に③の**「過去からのトレンドを把握する」**については、過去に遡って一番高い時のＰＥＲが20倍で、今が10倍だとしたら、明らかに割安だし、ＰＢＲも過去一番高い時が２倍で、今が１倍だとしたら、やはり今の株価は割安であると考えることができる。「過去」というのは、５～10年くらいを見るといいと思う。バリ

日本取引所グループでPBRを確認

加重＿PER（倍） Weighted average_ PER(times)	加重＿PBR（倍） Weighted average_ PBR(times)
21.9	1.3

（日本取引所グループ　2021年９月27日調べ）

ユエーションは循環していくから、過去のサイクルをとらえたほうがいいね。サイクルの中の安い時に買って、高い時に売るのが基本。

チヨダで見てみようか。バフェット・コードに出ていたＰＢＲの３年分の推移だ（前ページ参照）。

最大値は１・08で、２０２１年８月６日現在で０・５だ。

ＴＯＰＩＸのＰＢＲは、日本取引所グループのサイトの「その他統計情報」にある「規模別・業種別ＰＥＲ・ＰＢＲ（連結単体）一覧」の「総合」の「加重　ＰＢＲ（倍）」を見ると１・３とある。今は全体より低いね。

他の靴屋さんで探してみよう。ＡＢＣマートのＰＢＲ

ABCマートのPBR

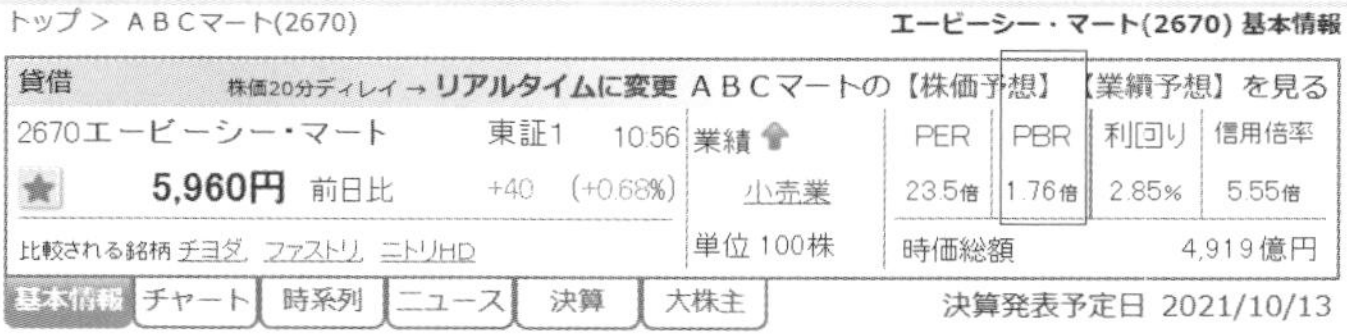

トップ > ＡＢＣマート(2670)　　エービーシー・マート(2670) 基本情報

貸借	株価20分ディレイ → リアルタイムに変更	ＡＢＣマートの【株価予想】【業績予想】を見る				
2670エービーシー・マート	東証1 10:56	業績	PER	PBR	利回り	信用倍率
5,960円	前日比 +40 (+0.68%)	小売業	23.5倍	1.76倍	2.85%	5.55倍
比較される銘柄 チヨダ、ファストリ、ニトリHD		単位 100株	時価総額			4,919億円

基本情報　チャート　時系列　ニュース　決算　大株主　　決算発表予定日 2021/10/13

（画像は株探　2021年９月10日調べ）

は１・76倍だから、チヨダはそれよりだいぶ安く見える。

そのほかの指標も必要だけど、こういう**比較的安くなっている株をいち早く見つけて購入しておく**のも１つの方法だね。

バリュエーションを見る時の注意点だけど、同じＰＥＲ10倍だとしても以前は来期０％成長期待、今は来期10％成長期待だとすると、同じＰＥＲの水準でも判断は変わってきてしまう。なぜなら、**以前より成長期待があるにもかかわらず同じＰＥＲということは、今のほうが以前より割安になっている**ということになる。だから、バリュエーションを見る時は、なるべく１つの切り口だけに固執しないで、多面的にバリュエーションをとらえてあげるといいね。

メルカリの決算推移

連結決算推移

最終更新日:2021年7月30日

	前期	2期前	3期前
決算期	2020年6月期	2019年6月期	2018年6月期
会計方式	日本方式	日本方式	日本方式
決算発表日	2020年8月6日	2019年8月8日	2018年8月9日
決算月数	12か月	12か月	12か月
売上高	76,275百万円	51,683百万円	35,765百万円
営業利益	-19,308百万円	-12,149百万円	-4,422百万円
経常利益	-19,391百万円	-12,171百万円	-4,741百万円
当期利益	-22,772百万円	-13,764百万円	-7,041百万円
EPS（一株当たり利益）	-147.86円	-94.98円	-60.61円

（画像はYahoo! ファイナンス　2021年7月30日調べ）

成長株の見つけ方

では、成長株投資はどうなのだろうか。何を定義として考えればいいのかということだけれども、これが実は結構難しい。

たとえば普通に考えれば、営業利益ベースで前期に比べて20％くらいの成長率を維持しているような企業だったら、まあ成長株と言ってもよいのかなとは思うけれども、最近の成長企業って、コストをかけることによって利益を出さないところが結構多い。メルカリなんてその代表的な企業と言ってもよいだろう。

同社の2020年6月期の決算を見ると、売上高自体は762億7500万円もあるのに、営業利益は193億800万円の赤字になっている。これは同社の決算短信にも書かれているので、自分でも確認してもらいたいんだけど、「広告宣伝費や人件費の増加等に伴い……」というように理由が記されている。

要するに今はマーケットのシェアをとりにいっているということだ。シェアをとるためにバンバン広告宣伝費を使い、人もどんどん投入している。いわゆる販管費が非常にかかっているので、営業赤字が続いている状態だ。

この手の企業は、そもそも営業利益が赤字のため、利益成長では成長企業かどうかを判断できないので、売上高で判断することになる。

連結ベースで見ると、2019年6月期の売上高は516億8300万円で前期比の成長率は44・5％増。そして2020年6月期の売上高は762億7500万円なので、2019年6月期の売上高に対して47・6％増となっている。

一般的に、**成長企業の売上高は対前期比で20％の伸びはほしい**ところなので、メルカリの場合は立派な成長企業と考えていいだろう。

で、成長株への投資は、世間一般常識で言えば「割高だ」と思われるような銘柄でも、**将来の利益成長が確かであれば、今の時点の割高は正当化される**という前提で行なわれると考えておこう。

一応、計算でも出しておこうか。

たとえば現在のＰＥＲが50倍だとしよう。この50倍という数字は、今の利益をベースにして算出されたものだ。

ところが来期の業績で、売上高が20％伸びて、利益が50％伸びたとしよう。成長企業なのだから、このくらいの伸びは十分に考えられる。

利益が50％伸びるということは、この会社の来期のＥＰＳ（1株あたり利益）は、今のそれに比べて1・5倍になる（次ページ図参照）。

そうなると、来期のＰＥＲは、ＥＰＳが1・5倍になるのだから、現在のＰＥＲが50倍だとすると、これを1・5倍で割り戻すので、株価が変わらないとしたら33倍になる。だいぶ、割高感が解消されただろう。

それでもまだＴＯＰＩＸのＰＥＲ17倍（２０２1年6月時点）と比べても割高だが、来々期の利益が来期の利益に対して30％成長したらどうなるだろうか。

来期の割高・割安の考え方

・利益が50％伸びる

EPS	＝	当期純利益	÷	発行済株式
EPSも1.5倍		1.5倍		変わらない

・来期のPERを求める　PER＝株価÷EPS

現在のPER 50倍	＝	株価	÷	EPS
1.5倍で割り戻すと33倍になる		変わらない		1.5倍

現在のPERは50倍、来期のPERは33倍なので、
来期のほうが割安になる

すると現在のEPSに対して、来期が1・5倍、来々期が1・3倍になるから、

1・5倍×1・3倍＝1・95倍

つまり、現在のEPSに対してほぼ2倍まで成長することになる。その結果、この会社のPERは、株価が変わらなければ25倍まで低下する。

さらにその次と次の期も30％成長になったら、EPSは、

1・5倍×1・3倍×1・3倍×1・3倍＝3・295倍

ということになる。その結

果、この会社のＰＥＲは、
50倍÷3・295倍＝15・17倍
になるので、ＴＯＰＩＸのＰＥＲが17倍だとしたら、この会社の利益成長を4期先まで織り込めば、割安であるという理屈が成り立つ。

先の先まで予想してるんだ。

実は難しい成長株

でもね、実際はここまで読み込んで、「この会社は今期、ＰＥＲが50倍だけれども、実は4期先には割安になるんだ」と考えて投資できる人は、ほとんどいない。これはプロの世界にもいないと、ほぼ断言していいだろう。

だって、4年も先のことって、君たちだって想像できるかい？

できないだろう。今回のように、新型コロナウイルスが蔓延して世界経済がストップしたら、成長ストーリーなんてあっという間に吹き飛んでしまう。だから、多くのプロ投資家は、**せめて来期までにどのくらい成長するのか**というところで勝負しているんだ。

で、来期までの成長を読んでこの銘柄の株価を見ると、PERは33倍なので、対TOPIXの比較から言えば「割高」ということになる。

それでも、あえてこの割高な株式に投資できるとしたら、その投資家は相当、頭が良くないとダメだ。いや、成長株投資そのものが、実は難しい。なぜなら、皆が織り込まない2期先、3期先の成長まで織り込む必要があるからだ。

したがって、成長株投資は他の人に比べて自分には投資する力があるんだという人でなければ勝負できない世界だと思っておいて間違いない。

そうであるにもかかわらず、とても簡単に「僕は成長株投資が好きなんだ」なんて言っているのは、本当の意味の成長株投資を知らないから言える話なんだ。

そういう人は、単に今、なんとなく勢いのあるセクターに属している会社だからとか、今期の決算だけを見て、前期よりも成長率が高いからといった理由だけで、成長株だと思い込んで投資しているだけなのではないだろうか。

ちなみに、成長株投資といっても、**許容されるPERは50倍から60倍程度**と考えておこう。なかには、PERが1000倍なんていうものもあるけれども、ここまで割高になると、おそらく4年後、5年後も割高のままだ。60倍を超えるPERの成長株投資は、もはや半分はギャンブルという程度に考えておくのがよいかもしれない。

では、割安株投資はどうなのかなんだけど、これは明らかに株価が安い水準に放置されていることがわかる。それは3つの基準で比較すれば明らかなことなんだけど、「安い」というのは、多くの投資家がその銘柄に対して何も期待していないからだ。

割安の株を見つけて買っておいて、大きく株価が動く材料が出るのを待つ、という感じですね。

公式

成長株は3期程度先まで織り込む必要があるので難しい投資

Chapter 2

「大量保有報告書」は誰でも参考にできる

投資先を選ぶのに、「これだけは絶対にやってはいけない」ということはありますか？

1つだけある。これをやると、損をした時にめちゃくちゃ後悔するってやつだ。
それは**人からの伝聞で投資すること**。

たとえば「Aさんがいいって言っているから投資してみた」なんてことで選んだ銘柄が本当に良い結果につながるのかということを、ちゃんと考えてみるといい。もちろんAさんが超高名なアナリストかなんかで、銘柄選びの能力に秀でているというのなら、その意見を参考にするのは悪いことではない。

でも、自分の身近な友人で、ほんの少し株式投資をかじっている程度のヤツが、ツイッターか何かでつぶやかれたネタをもとに話しているような情報で買った銘柄の株価が上がるかどうかの確率は、五分五分だ。丁半博打と同じと言ってもよいだろう。

もちろん値上がりすれば何も文句はないし、それなら自分自身もハッピーなんだけど、問題は下がった時だ。

ほぼ間違いなく、「なんでこんな銘柄に投資しちゃったんだろう」って後悔することになる。損失がそれほど膨らむ前に勝負から降りて損失を限定できれば、「やれやれ」で済む話だけど、たいがいは降りるに降りられず、「いい銘柄だって言っていたのだから、きっと大丈夫」などとAさんが言ったことを信じて、ひたすら持ち続けることになる。損失額はどんどん膨らむ。最後の最後には、Aさんとの信頼関係が完全に壊れることになる。

ということで、人からの伝聞は絶対に投資判断の材料にはなりません。いや、してはいけません。

それでも、参考になるものってないですか？　東証一部だけでもかなりの銘柄があるから、全部見るとなると、大変な作業になりそうです。

例外があるとしたら、米国の運用会社であるキャピタル・グループのような、グローバルで極めて洗練されている投資家が買っている銘柄に注目するという方法だね。

検索サイトで**「キャピタル　大量保有報告書」**と打ち込んで検索をすれば、キャピタルが過去どのような銘柄について大量保有報告書を提出したのかが、時系列でわかる。

たとえば、大量保有報告書を提出した株主の情報を紹介する**「株主プロ」**といったサイトは参考になるだろう。

大量保有報告書って何？

大量保有報告書とは、上場されている株式について、発行済株式数の5％超を保有した投資家に、「5営業日以内に財務局に提出する」ことが義務付けられている報告書のことだよ。

つまり**大量保有報告書を提出したということは、その投資家がたくさん投資したことを意味している**。

そして、いくらなんでも大量保有報告書を出してすぐにそれを売りにいくというケ

大量保有報告書のレポートをしてくれる「株主プロ」

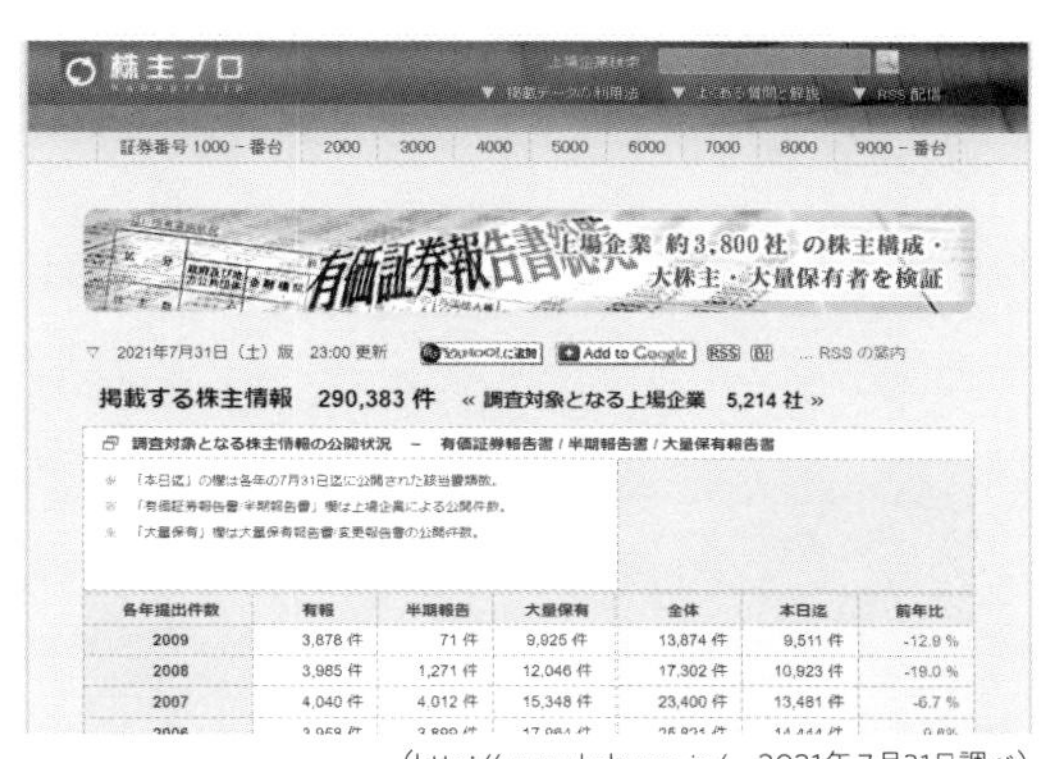

（http://www.kabupro.jp/　2021年7月31日調べ）

ースはほとんどない。まあ、しばらくは保有し続けるだろうし、キャピタルほどの投資家が、何の根拠もなく、大量保有報告書の提出が必要なほどの金額で株式に投資することもない。

つまり、そこには何か投資する理由があると考えて間違いないだろう。

でも、だからといって「キャピタルが大量保有報告書を出したから買いだ」などと言って、即座に買いにいくのはやめたほうがいい。**あくまでも投資する銘柄の1つのスクリーニング基準ととらえるべきだろう**。

たとえばキャピタルが2021年7月に大量保有報告書を提出した銘柄は、「ミルボン」、「ハーモニック・ドライブ・

システムズ」、「ボーダフォン」など7銘柄、同年6月に提出した銘柄は「鎌倉新書」、「グレイステクノロジー」、「ベイカレント・コンサルティング」、「寿スピリッツ」がある。

こうして大量保有報告書を提出した銘柄がわかったら、なぜそれに投資したのかを調べてみる。それでもし自分が納得できるなら、その時点で投資すればいい。

光通信が投資した銘柄の一部

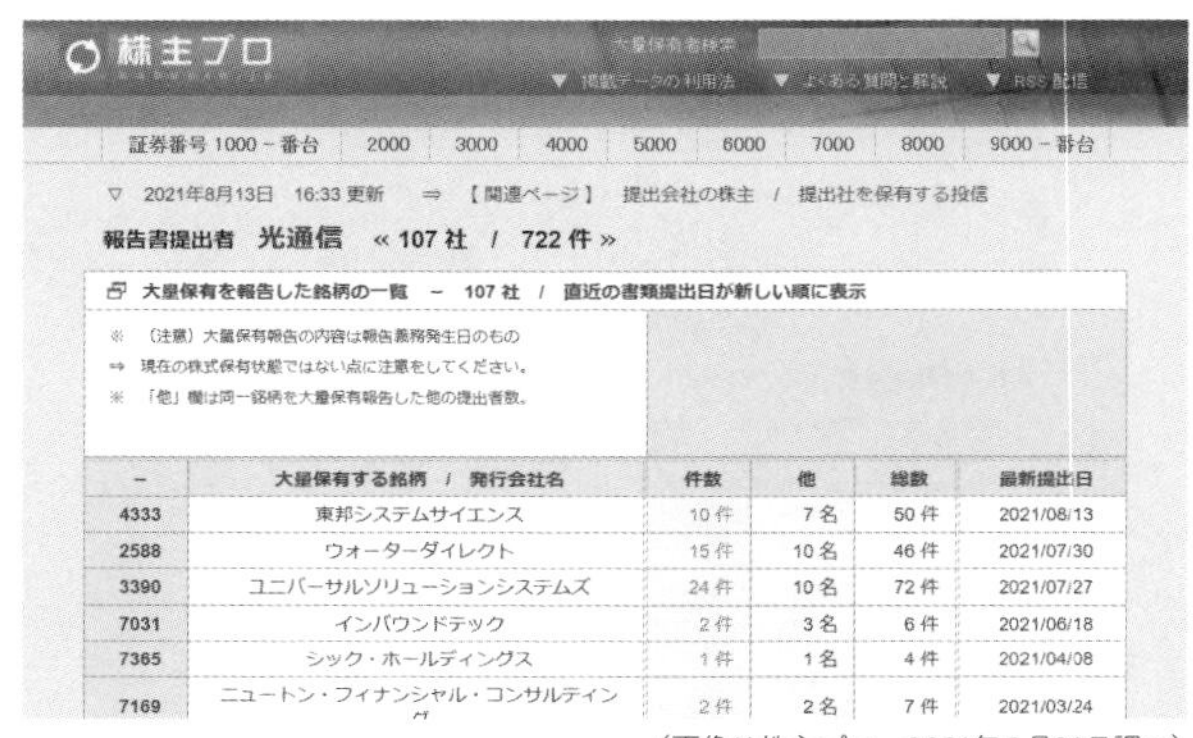

株主プロ

大量保有者検索

▼ 掲載データの利用法　▼ よくある質問と解説　▼ RSS 配信

証券番号 1000～番台 | 2000 | 3000 | 4000 | 5000 | 6000 | 7000 | 8000 | 9000～番台

▽ 2021年8月13日　16:33 更新　⇒ 【関連ページ】 提出会社の株主 / 提出社を保有する投信

報告書提出者　光通信　« 107 社 / 722 件 »

大量保有を報告した銘柄の一覧　－　107 社　/　直近の書類提出日が新しい順に表示

※ （注意）大量保有報告の内容は報告義務発生日のもの
⇒ 現在の株式保有状態ではない点に注意をしてください。
※ 「他」欄は同一銘柄を大量保有報告した他の提出者数。

－	大量保有する銘柄 / 発行会社名	件数	他	総数	最新提出日
4333	東邦システムサイエンス	10 件	7 名	50 件	2021/08/13
2588	ウォーターダイレクト	15 件	10 名	46 件	2021/07/30
3390	ユニバーサルソリューションシステムズ	24 件	10 名	72 件	2021/07/27
7031	インバウンドテック	2 件	3 名	6 件	2021/06/18
7365	シック・ホールディングス	1 件	1 名	4 件	2021/04/08
7169	ニュートン・フィナンシャル・コンサルティング	2 件	2 名	7 件	2021/03/24

（画像は株主プロ　2021年8月22日調べ）

先生も何か目安にしている株主ってある？

個人的に大量保有報告書を出した時に注目しているのは、株式会社光通

信かな。

この会社、1998年から2000年にかけてのITバブルの時、他のIT関連銘柄と一緒に株式が買い上げられたものの、2000年3月31日から20営業日連続で株価がストップ安したという伝説があるんだけど、もともとは携帯電話の販売店チェーンがメインのビジネスだったんだ。

それが今は、様々な商材を扱って、その販売などを通じて収益をあげている。それに加え、実は投資事業も展開していて、結構これがプロの投資家の目から見ても、なかなか良いセンスをしているので注目している。

それに、光通信が大量保有報告書を出してくる企業というのは、結構、小型株が多いので、その意味でも個人投資家が投資するには適した銘柄が多いと思う。興味がある人は調べてみてほしい。

公式

キャピタルや光通信の大量保有株式は、調べる価値がある

第２章のまとめ

- 「優良銘柄」と「優良企業」は違う
- TOPIXに60％の確率で勝っている22銘柄
- プロが手を出さない①時価総額200億円未満の銘柄、②アナリストがカバーしていない銘柄を狙おう
- 売上成長率・営業利益率を全体の指標・同業他社・過去と比べる
- PER、PBRなどの指標で、割安・割高を見積もる

第3章

「売り買いのタイミングをどう考えるか」

——長く続けてしっかり儲けるために

Chapter 3

株価は上がったり下がったりを繰り返す

さて、一通りわかったところで、早速株を買おう！

でも、どうせ買うなら価格が低い時のほうがよくない？

最初に「何を買うか」と「いつ売買するか」が大事だって言ってたよね。だったら、今度は「いつ」の話を聞かないと。

まずは、基本的な株の値動きについて説明しておこう。

株価が上がったり下がったりを繰り返していることは、君たちもご存じの通り。**なぜ上がったり下がったりを繰り返すのかというと、この株式を買いたいという買い手**

と、この株式を売りたいという売り手の間で、綱引きをやっているからなんだ。

ただ、投資をしている人たちが綱引きをはじめるためには動機が必要で、その判断を行なえるのが、企業の価値から見てその株が高いか低いかを判断する「ファンダメンタルズ分析」だったりする。つまり、企業の価値を考えて「割安」になったと思えば買うし、そこまでの価値はないと判断すれば「買わない」という判断をしているんだ。

ファンダメンタルズ（その企業の価値）から見て、株価が「割安だ」と判断する投資家が増えれば、買い手がどんどん出てきて株価は上昇するし、逆に「割高だ」と判断する投資家が増えれば、売り手がどんどん出てきて株価は下落する。

ものすごく単純に言ってしまえば、株価の値動きなんてものは、それを繰り返しているだけに過ぎない。

ずっと上昇し続けたり下落し続けたり、ということにはならないのでしょうか？

株価が上がる、下がるという流れがいつまで続くのかについては、「美人投票」とも言われていて、多分に心理的な要因が大きく影響している。「美人投票」というのは、「誰が一番美人か」という投票で一番投票が多かった人に投票した人に賞品が出るとすると、投票者

は「自分が美人だと思った人」に投票するのではなく、他の人が「美人だ」と思うであろう人に投票するほうが合理的な選択になる、というケインズの話だよ。

株価の値動きをイメージ図にしてみた。これを見ながら説明していこう。

株の値動きのイメージ

①

売る
売る
売る

値下がりすると多くの人が
売りはじめる

②

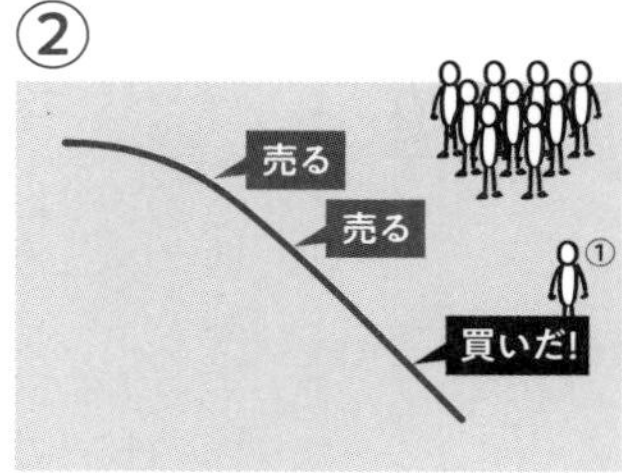

あえて買う人が出てくる

③

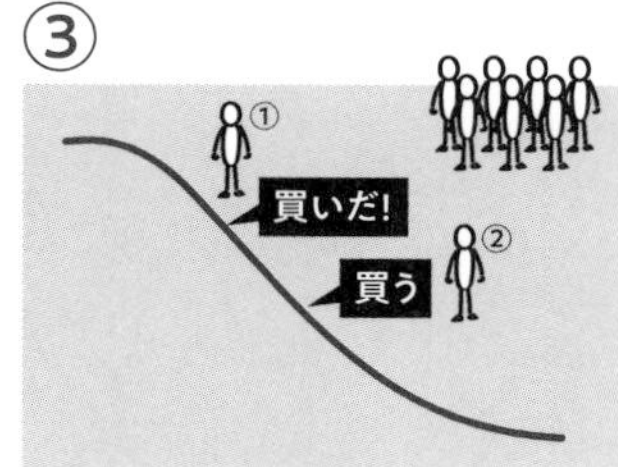

下げ止まりの気配が出てくる

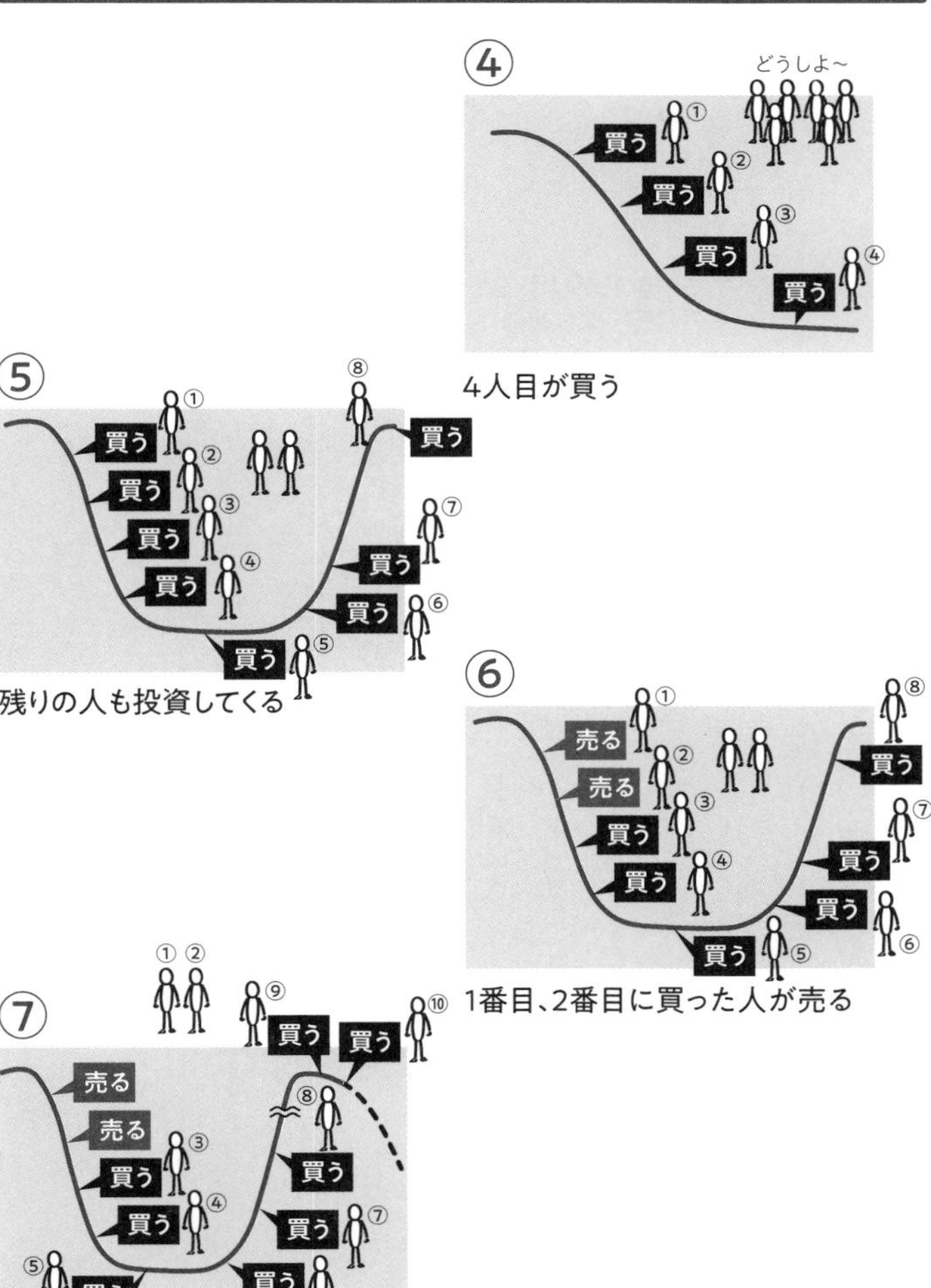

4人目が買う

残りの人も投資してくる

1番目、2番目に買った人が売る

少し下がったところで最後の2人が買うけれど、あとは下がる一方

①

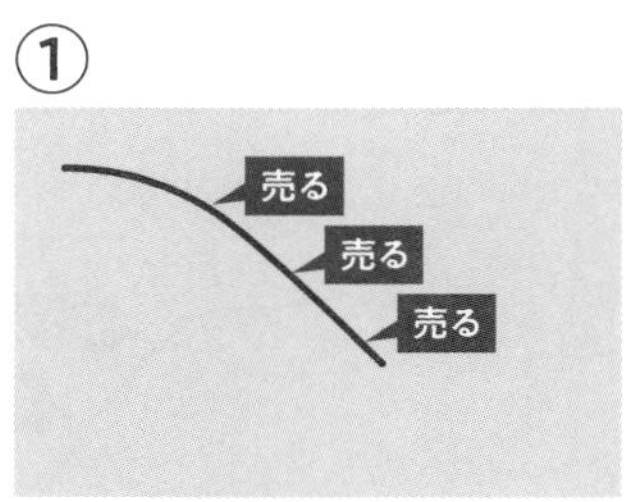

値下がりすると多くの人が
売りはじめる

10人の投資家がいるとする。

まず株価の下落局面からスタートしていこう。

株価がどんどん値下がりしていく場面では、多くの投資家が手持ちの株式を売ってくる①。

その中には逃げ遅れて、含み損がどんどん膨らんでいるのにじっと持ったまま、という人もいる。いわゆる**「塩漬け」**という状態だ。

もちろん、ものすごく長期的なシナリオを描いて投資している長期投資家は、そこそこ下げたとしても、それをさらに大きく株価が上昇するための準備期間ととらえるため、当初描いたシナリオに狂いが生じない限りは売らずに持ち続ける。

そういう特殊な事情を持った投資家は別にして、それ以外の普通の投資家は、この下げ局面で持ち続けることができずに、どんどん処分売りを進めていく。

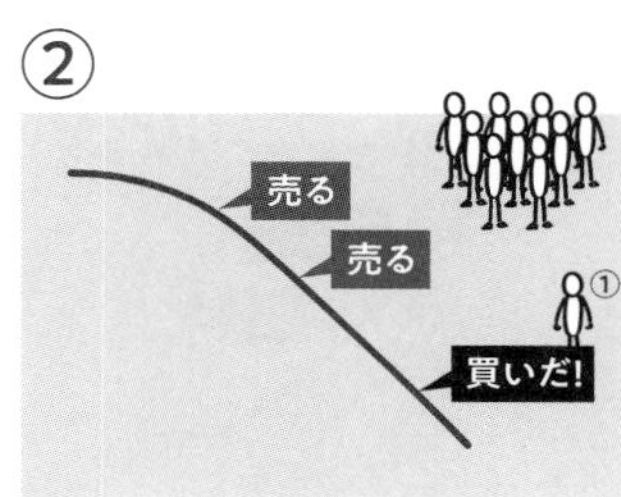

あえて買う人が出てくる

信用取引といって、金融機関などからお金を借りて投資している人たちともなれば、なおさらだ。こういう売りが次から次へと出てきて、株価の下げはどんどん加速していく。

正直、この下げ局面では、誰も買いたいなどとは思わない。

「そろそろ安いところまで売られたと思うけど、ひょっとしたらまだ下があるかもしれない」と思っている投資家が大勢いるうちは、**ほとんど買う人が出てこないので、売り手優勢のまま株価は下がり続けていく**。

ところが、なかにはちょっと変わった投資家がいて、「この下げ方はちょっとヤバイ」、「絶対に手を出せない」などと言って大半の投資家が買い注文を出さないのに、あえて火中の栗を拾いにいこうとするヤツが出てくる②。で、そいつは周りの投資家からバカにされるんだよ。

一言解説

[信用取引] 金融機関からお金を借りてそれをもとに売買すること。FXなども信用取引で行なわれている

下げ止まりの気配が出てくる

「こんなところを買いにいくのは自殺行為だ」ってね。

ところが、少し時間が経つと2番目に買いにいくヤツが出てくる。この時点で買った投資家は2人。ようやく下げ止まりの気配を見せはじめたマーケットではあるけれども、残り8人は「まだ下がる」と思っているから、買うことに対してまだまだ迷っている③。

で、なぜ下げ止まりの気配を見せはじめたのかというと、それ以前の下げ局面で、長期投資家以外の投資家は、ほとんどが手持ちの株式を売却して、売るものがない状態になっているからだ。**売るものがないのだから、これ以上、株価が下がることはない**。こうして、株価は徐々に底値固めをしていく。

まだまだ株価の先行きに対して疑心暗鬼の局面だけ

一言解説

[底値固め] 底値はある期間において一番株価が低い値段。底値固めは、これ以上下がらないと思われる状態になること

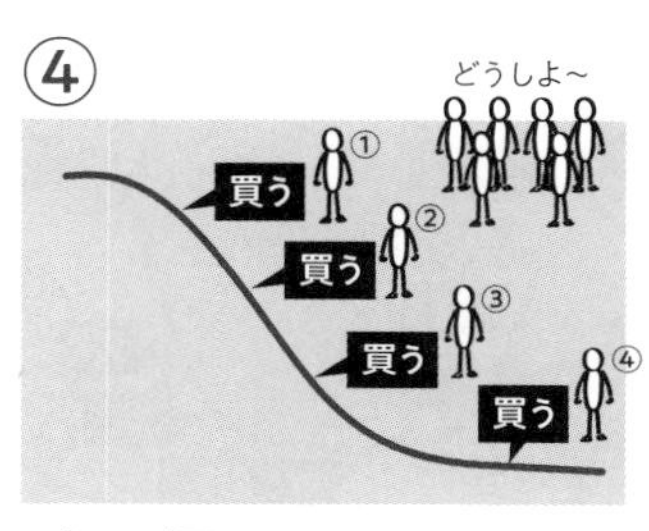

4人目が買う

ど、もう1人、この銘柄を買おうという投資家が出てくる。これで3人目だ。そうすると、徐々にマーケット参加者の間で雲行きが変わってくる。「こんな株価の底値が見えない銘柄なんて、とてもじゃないけど投資できない」と言っていた連中が、「ちょっと待てよ」と思って、あらためて今の株価がどういう水準にあるのかを精査するようになる。

そして、「あれ？　過去の平均値を見れば、今の株価は割安じゃないか」などということに気づき、ここで4人目の投資家が買いにくる④。

これで10人中4人の投資家が、この銘柄を買ったことになる。

こうなると、残りの6人もソワソワしてくる。

「ひょっとして出遅れた？」

「でも、まだまだ株価上昇の勢いは止まっていないから、自分たちが投資しても少しは利益を得ることができ

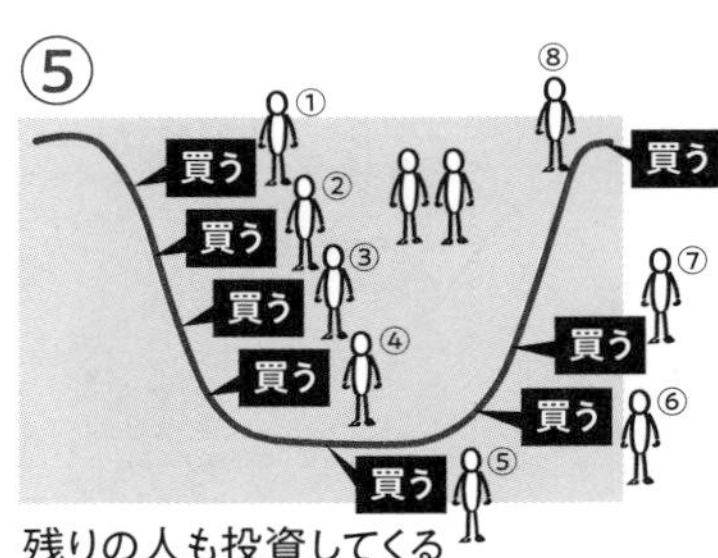

残りの人も投資してくる

るんじゃないか」

そんなことを言いながら、戦々恐々ではあるけれども投資してくる⑤。おそらく、5人目から8人目の投資家は、このパターンだろう。

でも、**8人目の投資家が動きだして買った頃には、もうこの銘柄の株価はほぼ天井に近づいている**。

株価が業績や純資産などと比較して、「さすがにそろそろ買われすぎかもな」というところまで上昇するわけだが、一方で皆から「こんなところを買うなんて自殺行為だ」などと言われながらも投資してきた1番目、2番目くらいまでの投資家は、すでに自分の買いコスト（買値＋手数料）を大きく上回るリターンが得られているから、当然のことながら売りにくる⑥。

株価は天井を打つ少し手前のところで、それまで一本調子で値上がりしていたのが、ほんの少しだけ下げる。

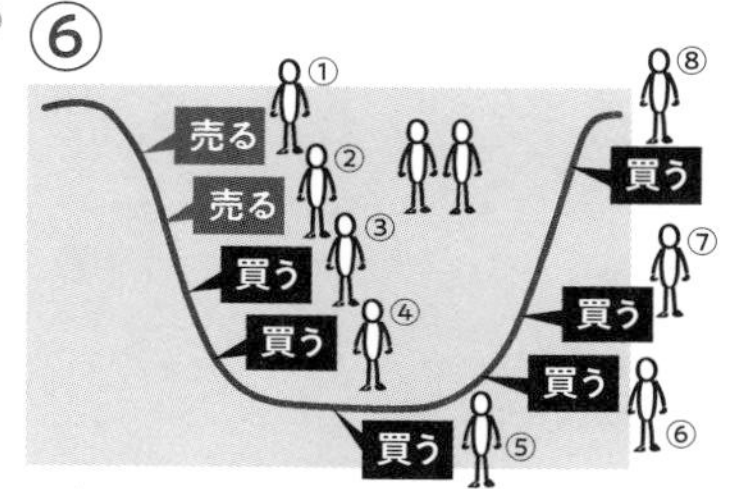

1番目、2番目に買った人が売る

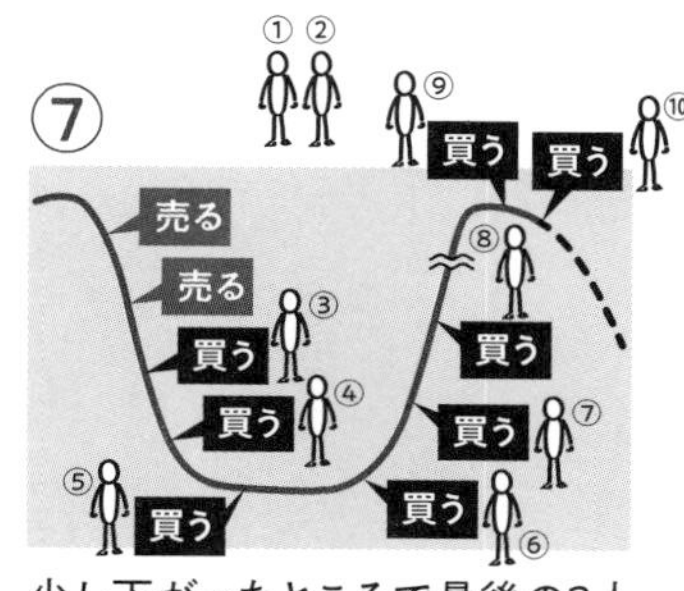

少し下がったところで最後の2人が買うけれど、あとは下がる一方

そして、この上昇局面を指をくわえて見ているしかなかった9番目の投資家、10番目の投資家が、この押し目を買ってくる。本人たちは「安く買えた」などと喜んでいるが、**実はその後は下がる一方だ**⑦。

株価が天井付近からさらに上昇するためには、さらなる買い手が現れなければならない。でも、前述したように参加している投資家は10人に限定されている。ということは、ここから先、さらにこの株価を値上がりさせるためには、1番目と2番目の投資家が買いにいかなければならない。

でも、どう考えても株価が大底圏にあるところで買った2人の投資家が、自分たちの買値よりも、あるいは売値よりも、はるかに高くなったところで買いにいくとは思えない。そうなると、もうこれ以上、株価は上昇しないことになる。

一言解説

[押し目] 株価が上がっている中で一時的に株価が下がったタイミングのこと

この時点でようやく他の投資家も、自分の持ち株の株価がこれ以上、値上がりしないことに気づきだす。そうなると、株価の上昇局面で買った3番目以降の投資家が、「もう上がらないみたいだから抜けておこう」などと考えて、持ち株の処分に動きだす。売りが出てくるから株価は完全に上がらなくなるだけでなく、逆に下げはじめる。8番目の投資家になると、もうほとんど収益がなくトントンの状態になるが、「仕方がない」と考えて投げてくる。

問題は株価上昇の最終局面で買った9番目と10番目の投資家だ。この2人は、ここからさらに買い上がっていく投資家が1人もおらず、いよいよ株価は本格的な下げ局面に入っているのに、今下がっているのもただの押し目だと思って、我慢して持ち続けようとする。

それでも、**ここまでくると株価の下げは止まらない**。9番目と10番目の投資家には、どんどん含み損が増えていく。その中で彼らは「今の株価は間違っている」などと言いはじめる。

そして、いよいよ9番目と10番目の投資家が、これ以上、含み損が膨らむことに耐えきれず、泣く泣く持ち株を処分したところが、株価下落の最終局面になる。つまり、もうこれ以上、その銘柄を売る投資家は、マーケットに1人もいなくなる。でもここで、逆に「こんなところを買いにいくのは自殺行為だ」と言われながらも買いにくる投資家が出てくるため、株価は徐々に底を打ち、再び上昇へと転じていく。

以上が、買い手と売り手の力関係から見た、株価の値動きの縮図になる。そして、基本的にはこの流れの連続によって、株価は値上がりしたり値下がりしたりを繰り返すことになるんだ。

公式

基本的に株価の値動きは値上がり・値下がりを繰り返している

Chapter 3

買いはじめるタイミングはバリュエーションで考える

これを見ると、いつ株式投資をスタートさせるかって、難しいですね。

残念ながら、明確な考え方はないんだよね。強いてあげれば、**バリュエーション的に安いと思った時**。ＰＥＲの見方は第2章で学んだよね。あと、**何回かに分けて買う**ってことかな。

投資したい銘柄が固まったら、あとは買うだけなんだけど、問題はどのタイミングで買うか、なんだよね。

言うまでもなく株価は常に動いている。上がったり下がったりを繰り返すから、「投資するぞ！」と思っても、「今買ってもいいのか？」、「今、買わなきゃもっと値上がりしちゃうかも」、「今、買ってもまだ値下がりするかも」というように、いろいろな思惑が出てくる。結局、何もできないまま、いつの間にか株価がどんどん値上がりして、悔しい思いをすることもある。

チャートが下がっていたら買うっていうのは？

よくテクニカル分析で考えるという人がいるけれども、少なくともヘッジファンド界隈でチャートに頼って売買タイミングを判断する人は、皆無に近いと考えてもらっていいだろう。気持ち程度、チャートを用いる部分はあるけれども、それは合理的に売買タイミングを判断するというよりも、最後の最後に背中を押してもらう程度だな。

ちなみに僕としては、チャートを用いた投資判断は完全にゼロです。

もし君たちから「確信が持てる買いタイミングはどこなのか」と質問を受けたら、僕はこう答えるしかない。

「そんなものはどこにもない」

確信のある買いタイミングはどこにもないし、何より買いタイミングの考え方は十人十色だから、どのタイミングがいいのかなんて誰にもわからない。

それに対する言い訳として、ここ数年で流行った**「ドルコスト平均法」**があるんだけど、聞いたことがあるかな？

知ってます。毎月同じ金額を買うことでリスクを分散させるって聞きました。

ドルコスト平均法は本当におトクなのか？

そう。ドルコスト平均法というのは、同じ投資対象を毎月とか毎週というように一定の期間をあけて、同じ金額でひたすら買い続けていくことで得られる効果のことなんだけど、これは明らかに**投資タイミングを捨てた考え方**といってもいい。

たとえば毎月10万円ずつ同じ銘柄を買い続けるとしよう。今月、買う時の株価は1株＝1万円だとすると、10万円で10株買えることになる。翌月、株価は2万円に値上がりしたとしよう。この場合、10万円で買える株数は5株になる。さらにその翌月、株価は5000円に値下がりした。この場合、10万円で購入できる株数は20株だ。

さて、この3回で購入できた株数は35株になる。

では、もし最初にこの株を買った時、今言ったように3回に分けて投資するのでは

ドルコスト平均法は本当に有利か?

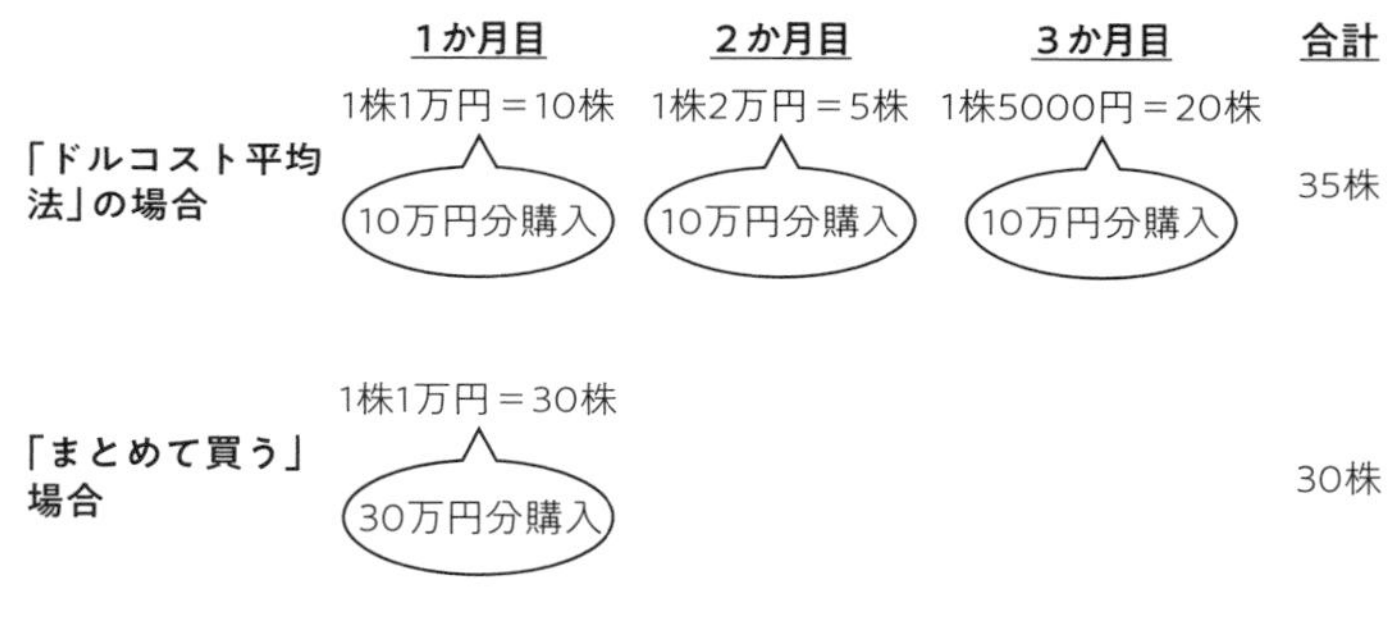

▶ドルコスト平均法のほうがよさそうだけど……

なく、30万円で1度にまとめて投資したら、どうなるだろうか。この場合、1株の株価が1万円だとしたら、投資できる株数は30株になる。

つまり、3回に分けて投資した場合のほうが、5株も多く買えたことになり、かつ投資した時の単価は、30万円の投資金額で35株を買えたわけだから、1株あたりの平均単価は8571円になる。確かに、30万円で一括投資した時に比べて買付の平均単価が安くなった分、有利に投資できたことになる。

一見よさそうだけど？

でも、これって錯覚ですよ。なぜなら、必ずそんなふうにうまくいくとは限らないでしょう。

たまたま、株価が1万円から2万円に値上がりしたものの、その後で5０００円まで値下がりしたから、そこでたくさんの株数が買えて、結果的に平均単価を引き下げられたのだけど、株価が下がらず、右肩上がりで上昇したとしたら、30万円で一括投資したほうが有利だった、ということもあるし。

じゃあ、結局どうしたらいいんだろう？

これはもう**バリュエーションを見て「安い」と思った時が買い時**だとしか言いようがない。

ちょっと無責任っぽく聞こえるかもしれないけど、プロの投資家の世界ではこれが常識だ。

何か材料が出て株価が瞬間的に大きく下がる時がある。これを買いのタイミングと考える投資家もいるが、これはよほどその銘柄について詳しくなければできない。たとえば15％くらい一気に株価が急落したところを買うのは、かなり勇気がいる。おそらく大半の人は、「これで下げが止まるはずがない」などと考えて手を出さないだろう。それが普通のセンスだし、それでも買いにいけるという人は、15％下げたところでも買えるという根拠が必要になる。そのためには、事前に綿密なリサーチが必要になってくる。

逆に、そこまでリサーチをしていない場合は、バリュエーションから判断して安いと思ったところで買いにいくしかないだろう。

先に買おうと思っている株のバリュエーションを見ておく必要があるのね。

複数回に分けて買う「ナンピン戦略」

あとは、何回かに分けて買うことかな。

ドルコスト平均法ではないけれども、多少なりとも判断を誤ってしまうリスクを軽減させるために、複数回に分けて投資するほうがいい。10株買いたいと思うなら、まずは3株だけを買ってみる。その後、上がるか下がるかは五分五分なので、うまいことそこから下げたら、もう1度3株だけ買ってみる。さらに下がったら、そこで3株ないし4株を買ってみる。ドルコスト平均法のようにダラダラと永遠に細かく買い続けるのはどうかと思うけど、このように複数回に分けて買いコストを下げる（これを**ナンピン戦略**と言う）のは、決して悪手ではない。

では、最初に3株を買ってから株価が下がらずに、上に行ってしまった場合はどうすればよいのか。勇気ある投資家の中には「追撃買い」などと言っている人もいるが、これはあまりおすすめしない。どうすればよいのかというと、**「何もしないこと」**だ。

なぜなら、さっきも言ったように、上がるか下がるかは五分五分だからだ。追撃買いをしたところがピークで、逆に下がってしまうこともある。そうなったら、追撃買いした分には損失が生じてしまう。

（追撃買いなんてする勇気は自分にはないから大丈夫！）

なので、最初に買ってから株価が値上がりし、そこからさらにどんどん上昇していった時は、「ああ、最初に買ったところが絶好の買い場だったんだな。残念だったな」と思って、その時のパターンを覚えておけばいい。その経験は、後のトレードに生きてくると思うし、何といっても相場は逃げない。**また必ず別のチャンスがやってくる。**

買いたい株のバリュエーションを把握してタイミングを狙っておく、というのがよいかしらね。

とにかく大事なのは、満腹になるまで買わないこと。よくある失敗のケースで、自分が一所懸命に調べた銘柄には愛着のようなものが生まれてしまい、いざ投資する時に、い

きなり資金をすべて注ぎ込んでしまうことが往々にしてあるんだ。これをやっちゃうと、買った後で株価が下がった時、どうにもならなくなる。

これはもう何度も言ってきたことなんだけど、株価なんてものは何をやったところで所詮、五分五分なんだと割り切っておいたほうがいい。

つまり、50パーセントの確率で買った時よりも株価は下がる。だから、下がった時に買えるように、投資する資金は小分けにしておくのが大切なんだ。

公式

株式は何回かに分けて買う。予想外に高くなったら「何もしない」こと

Chapter 3

資産設計としての株式投資①
株式投資との付き合い方を決める

たとえば、みんなは株価がこんなふうに落ちてきていたらどうする？

自分なら売るな。今後どうなるかわからないし。

でもこれから上がると思えたら買うかも。

2人とも正解だね。

結局、そもそも「その株をどんなつもりで持ったか」ということにかかわってくるんだ。「次の決算で数字が伸びそうだから、今買っておいて、決算で自分の予想通り株価が上がったら売ろう」という短いシナリオを持っている人、つまり短期投資で株を持っている人は、自分の目論見通り動けばそうすればいい。

じゃあ、下がったら？

自分の予想が外れたら、損切りと言って「売ってしまう」のがよいと思う。

そして今後のために見直しをしてほしい。たとえば、上がると思ったのに下がった、ということは自分の知らない情報で他の人が売っているということだ。その時はまず、バリュエーションを見る。たとえば、業績も良いのに株価が下がっているとしたら、自分が考えていたことは織り込み済みで、なおかつ株価が下がったということになるね。

あともう1つ考えたいのは、「本当に安く買えていたのか」ということ。もっといいタイミングがあったのかもしれない。これも「どこまで織り込まれていたのか」をIR担当者に聞いてみるとよいかもしれない。

こういう時は、いくら「自分の判断は正しい」と思っていても、今後さらに下がる可能性もあるから、撤退というか一度売ったほうがよいと思う。このままずるずると落ちていく株をつかまされるケースも多いです。

でも、逆に長期で持ちたい場合、実はここは買いのタイミングだ、と判断するかもしれないね。

なんでですか？

たとえば3年で3倍になると思って、その企業の株を買っているとするよね。そして決算で思った以上にいい業績が出た。それなのに株価が上がらない。短期で考えるなら売るんだけど、長期で「ずっと持っていれば上がるはずだ」と考えるなら、自分が思っている以上に株価が今は安くなっている、ととることもできない？　むしろ「買いだ」と考えるかもしれない。

確かに。でも、実際にそんな場面になったら、判断が難しいだろうな。

そんな時こそＩＲ担当者に聞いてみよう。「自分は3年後にこうなると思って株を買っているんだけど、思った以上に今期が良い業績でしたよね。会社として、今後の見通しに変化はないですか？」と聞いてみるといい。目先の業績で中長期的な数字が変わることもあるからね。そこで中長期的な期待が上がるのであれば、今は「買い」の時期かもしれない。

中長期で持っている時も、シナリオと変わってきたら売ったほうがいいですか？

大きな環境の変化などがあって、目先の決算が中長期的なシナリオを変えてしまうようであれば、ＩＲ担当者に確認したほうがいいだろう。あとは**ボラティリティ（２４６ページ参照）の分析をして、その範囲から外れてきた時も注意が必要**だ。持っていてもいいけど、成長の伸び率が変わっていくようなら、それはもう「いい銘柄」とは言えないよね。

短期にしろ長期にしろ、「どのくらいの期間その株を持つか」を決めて、自分で「どんなふうにその企業が成長していくか」のシナリオを描いておくことが大事なんだね。

そしてそのシナリオを、毎月の決算を見ながら確認していけばいい。

大事なのは、自分の考えに対して、目先の評価はどう反応したのかを見ること。そして、自分の予想と違ったら、まずバリュエーションを確認することだ。

短期の業績期待で買ったのに、思ったように反応しないばかりか、株価は下がってしまっている。そしてバリュエーションも安くなっているなら、その時は売ったほうがいいかもしれない。

一方、同じ株の動きを見ていても、中長期で考えているなら、想定よりももっと株が割安になっているということだから、「買っておく」という判断になるだろう。

前にも言ったけど、実は株の鉄則は2つしかない。

- **良い銘柄を買うこと**
- **良いタイミングで売買すること**

これだけだ。

だけど端的に言えば、3か月くらいの、**短期の業績で売買するような場合は、銘柄**

よりも「いつ買うか」、中長期の場合は「どの銘柄を買うか」がより重要になる。

投資期間によって判断が変わってくるから、投資期間を先に定めておいたほうがいいよ。

公式

自分のシナリオと異なったら売る

Chapter 3

資産設計としての株式投資②

長期投資と短期投資のどちらがいいか

結局、長期投資と短期投資のどちらがいいですか？

資産設計として買うのであれば、ある程度長期的に持つことを前提にしていいと思う。

冒頭で話したように自分の勤務する会社の成長が望めない時や、資産を分散させる一環として購入したい時はこれにあたる。期間としては1〜3年が目安だろうか。

もう1つある程度長期的に考えたほうがよい理由として、君たちが投資にかける時間だ。プロは大体3か月を目安にしているし、個人のデイトレーダーと呼ばれるような人はそれこそずっとチャートを見ていて、1週間で売ったり買ったりしていたりする。そんなの普通に大学に行っていたり仕事をしていたらできないよね。気持ちも神経も落ち着かない。時間というコストを認識したほうがよいと思う。

だったら**ファンダメンタルズそのものを見ながら、今後上がりそうな株を選んで、長期で付き合ったほうがいいと思う**。その時大事なのは、ファンダメンタルズを見て「いい銘柄に絞る」こと。ダメな銘柄を見つけてトレーディングでうまくやる、というのは時間がある人がやる投資の仕方で、みんなにおすすめできるものではない。

そうですよね。短期で見ていくのって、大変だし続かない気がします。

勝率6割の銘柄を探そう

第2章で、TOPIXに採用されている銘柄のうち、時価総額で上位1000銘柄の株価の上昇率と、TOPIXの上昇率を毎月比較した場合、過去10年間、つまり120か月での勝率がほぼ50パーセントになることを説明した。

つまり個別銘柄投資は、リターンでTOPIXに勝てる確率は五分五分でしかない。

だからこそ、**勝率6割の銘柄を探し出す努力が、長期的にはモノを言う**ようになる。

その方法は、僕が今までに言ったような方法で十分だと思う。時価総額上位100銘柄の株価上昇率を全部チェックするのは大変だし、過去5年、10年と遡るのはかなり労力のいる作業になるけれども、それで勝率60％の銘柄を見つけられるとしたら、それはそれで自分の投資にとっては大きな武器になる。

結局、3期先、4期先の利益成長を現時点で予測することなど、ほぼ不可能だから、結果、株式市場で形成される株価は、大きく上下に変動することになるんだ。目先の利益成長だけを見て、「お、これは将来有望な成長銘柄だ」と買ったものの、すぐに裏切られる結果となる。いきなり業績の下方修正が出されると、今度は一斉に売りに回る。当然、株価は急騰した後に急落する。

このように株価が常に乱高下しているような銘柄を好むリスク・ラバーな投資家は一定数いる。個人トレーダーの中にも結構いるはずだ。この方法でも利益を得ることは可能なんだけど、問題が1つだけある。

それは、長続きしないということなんだ。1年か2年くらいは勝てるのかもしれないけれども、勝ち続けることが非常に難しくなる。今年は勝てたのに、翌年は手痛いやられ方をしたりする。

特に10年、20年という非常に長い時間軸でこのような投資をすると、勝てる年もあれば負ける年も出てくる。そして、長くそれを続ければ続けるほど、勝つ回数は増えるかもしれないけれども、反面、負ける回数も増えるし、これは人間全般の傾向として、勝つ時は小さくしか勝てないのに、負ける時は大きく負けたりする。結果、平均で言えば負けてしまうということだってある。

なるほど、**長い目で資産設計を考えるなら、長期投資を考える**のはよさそうですね。

公式

投資にそれほど時間をさけないのであれば、長期投資がおすすめ

Chapter 3

資産設計としての株式投資③
長期投資で見るべきポイント

ここまでの話だと、あまり時間がとれない人、資産設計のために株式投資をしようという人は、タイミングよりも銘柄を重視して長期投資がよいということですね。

銘柄は、①時価総額200億円未満、②ROEが8%以上、あと、最初教えてもらった勝率60%の銘柄を重視すればいいでしょうか。もう少し、長期投資について教えてください。

長期投資で見ておきたいのが**キャッシュフロー**なんだ。

キャッシュフローというのは、一定期間の企業のお金の出入りを整理するもの。貸借対照表や損益計算書でもわかるけれど、より詳しくお金の流れがわかるようになっている。財務諸表上には営業キャッシュフロー、財務キャッシュフロー、投資キャッシュフローというように3種類のキャッシュフローがあるんだけど、ここではあまり難しい話はしない。安定したキャッシュフローは、強い営業力があってはじめて成り立つということだけを覚えておいてもらえればいいだろう。

損益計算書では営業利益が大幅な赤字だとしても、キャッシュフローさえしっかりしていれば、その会社は倒産しないとさえ言われるくらいだ。キャッシュフローは、会社の経営にとっては一種の命綱なんだ。

会社に長期投資する場合は、とにかく自分がその会社の株式を保有している間に倒産されるのが一番困る。だから、長期投資をする場合はまず、その会社のキャッシュフローをチェックして、資金繰りが詰まるような事態が想定されるような数字かどうかを、まず検討するようにしよう。

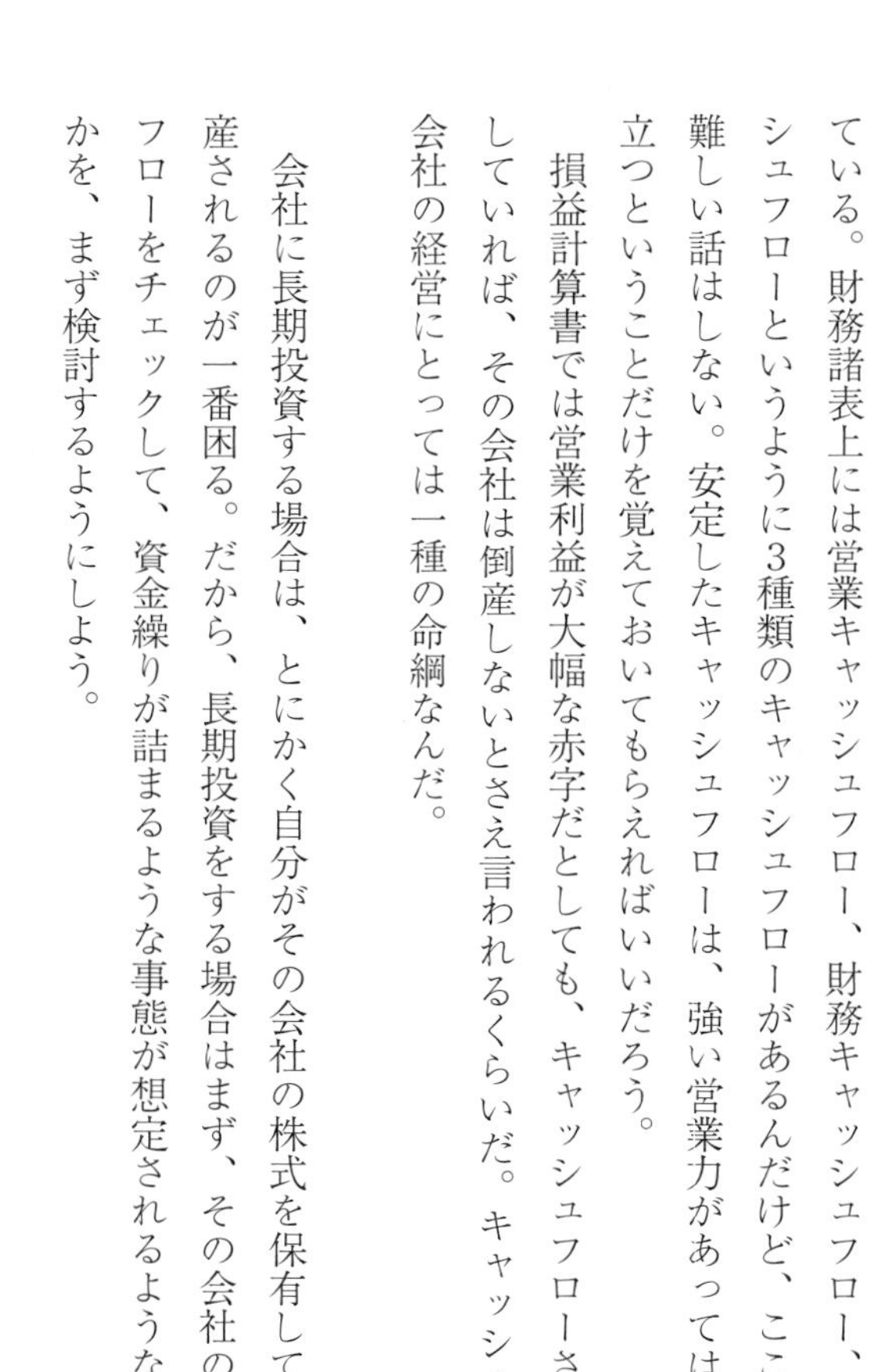

キャッシュフローは会社のＩＲ情報だけでなく株式情報サイトでも確認できる銘柄があるね。

キャッシュフローは具体的に何を見ればいいですか？

フリーキャッシュフローが安定的に黒字の銘柄のほうがよいと大枠では言える。同じ利益水準でも、一方は設備投資はほとんど不要な企業、もう一方は設備投資を毎年それなりにやらないといけない企業だとすると、利益額は一緒でもキャッシュフローの水準が変わってくるので注意してほしい。

設備投資が必要な製造業などはキャッシュフローが低くなってくるんですね。

前述したように、TOPIXの時価総額上位1000銘柄のうち、対TOPIXとのリターンで勝率60％の勝ち組企業は、キャッシュフローが安定しているという共通点があった。**この手の企業は長期投資に向いている。**

もし、勝率が80％なんていう企業があったら、これはもう積極的にリスクをとってでも投資するべきだろう。

最後に、アメリカのスターバックスの例を話しておこうか。スターバックスの株ってどうなってると思う？

［フリーキャッシュフロー］ 会社が稼いだお金のうち自由に使える現金がどれだけあるかを示す。営業キャッシュフロー－投資キャッシュフローで算出

え、やっぱり上がってるんじゃないですか。

そう。でも実は債務超過に陥っている。

なんで債務超過なのに株が高いの？

それは、キャッシュフローがいいから。確かに自社株買いをやっている影響もあるのかもしれないけれど、アメリカの企業は総じてフリーキャッシュフローを重視しているんだよ。

公式

長期投資をするなら、フリーキャッシュフローに注意しよう

Chapter 3

自分に合った「投資期間」を探す

長期投資がいいと言われましたが、短期も挑戦してみたいと思っていて、ダメですかね?

本当は個々で得意な範囲があるはずだから、それを見つけると一番いいよね。

短期か、それとも長期か。論争好きな個人投資家たちがこの二項対立で侃々諤々(かんかんがくがく)と言い合っているようだけど、プロの投資家として言わせてもらうなら、どちらが正しいかなんて論争は不毛だ。

なぜなら「儲けることが正義」だからだ。銘柄によっては1か月程度の保有期間を想定して利益を狙いにいくこともあるし、1年先のイベントが株価に及ぼす影響を想定して投資することもある。

つまり投資に際しては短期も長期も関係ない。自分がなぜその投資をするのかという理由と、その投資をいつまでに回収するのかを決めてから投資するべきだし、そこで決めた保有期間については、よほど自分が想定したシナリオを逸脱しない限りは順守するべきだろう。

たとえば第1四半期の時に、第2四半期の決算が良くなりそうだという理由で投資をしているのに、そこで思ったような決算が出なくて株価が下がったとしよう。本当は第2四半期の決算の結果が上がることを前提に投資しているのだから、株価が回復するまで持ち続けるというのは理屈に合わない。そういう時は潔く損切りすることが肝心だ。

あるいは2年後にインバウンドが戻ってくることを想定してインバウンド関連銘柄に投資した直後、何かのニュースで株価が少し跳ねたとする。「利食い千人力」という相場格言はあるけれども、もともと2年後のインバウンド需要の回復を想定シナリオにして投資しているのだから、この株価上昇で利食いするのは正しい投資行動ではない。

このように、**投資シナリオを想定する時は、保有期間もしっかり考えておいたほうがいい**んだ。

一言解説

[利食い千人力] 一時的に想定される利益が出そうだと思って欲を出してしまうと、一番の売り時を逃してしまうこと

[利食い] 購入した価格より値上がりして利益が出ている時点で売却し、利益を確定すること

ただし、シナリオに狂いが生じた時はその限りではない。すでに説明したように、**シナリオに狂いが生じた時は利食いでも損切りでもさっさと行なって、まずはポジションをゼロにして**、なぜ自分の想定通りにいかなかったのかということを、自分なりに考えてみる必要はあると思う。

ただ、もっと言えば、自分が得意とする時間軸があるはずだ。**過去のトレードを振り返り、自分が最も高いリターンをあげているのが3か月間なのか、半年なのか、それとも1年なのかというのを把握しておくといい**。

具体的にはそれぞれの取引について、保有期間、勝敗、勝った時はその時の収益を記録し、勝ちトレードの保有期間と、その取引で得た収益を計算する。

そのうえで、最も勝率が高く、かつ平均的な収益が大きな期間が、最も自分にとって得意な保有期間になる。

これはプロの投資家でもほとんど実行している人はいない。個人でも簡単に計算できることなので、ある程度、投資の回数が増えてきたら、自分の得意とする保有期間を検証しておくと、それが強い武器になるはずだ。

自分のシナリオを立てて、それが合っているかどうか四半期ごとに見直して、それで今後の自分のスタンスを決めながら投資を続けていくんですね。

公式

最終的には自分の得意な時間軸を見つけられるとベスト

Chapter 3

大損しないために相手の理屈がわからない時はひとまず逃げる

ちなみに大損する人ってどんな人でしょうか？

損切りできない人だね。自分が「これは絶対売れる」と思ったら、それを信じて突き進んでしまう。

どれだけ綿密に調べたとしても、ダメな時は必ずある。売上高も利益も今後、さらに伸びていきそうだ。株価も比較的割安な水準にある。「買いでしょう」と思って投資したら、なぜか翌日から株価がずるずると下がりはじめた。

「いやいや、どう考えたって良い銘柄なんだから、このまま持ち続ければ必ず株価はどこかで底を打って反転する。そう、俺の判断に間違いはない。間違っているのはマーケットなんだ」

こう思ったら最後、大損をすると思って間違いない。

大事なのは、「何で自分が思ったような動きにならないのか」を考えることね。

投資の世界で「諦められない」というのは禁物だ。そこはもう冷淡と思われるくらいに物事を諦める気持ちになることが、最終的に自分を守ってくれる。

自分が買う前に株価が上がった場合も、逆に買ってから株価が下がった場合も、**「残念だけど諦める」という感覚を持つ**のと同時に、**自分で調べたことがすべてではない**ということを常に頭の片隅に置いておけるかどうかによって、株式投資の勝敗は大きく変わってくる。少なくともこの2つの感覚を持っておけば、株式投資で大きな負けを喫することはないはずなんだ。

恋愛と一緒だね。「この人だ！」と思って付き合っても、ちょっと違うなってことあるし。ずるずる付き合ってるけど、やめたほうがいいんじゃない？ってカップルもいるもんね。

（！）

会った時の思い出だけに浸っていても、今後一緒にいて良い関係になれなければ損切りしたほうがいいよね。

孝、どうしたの？

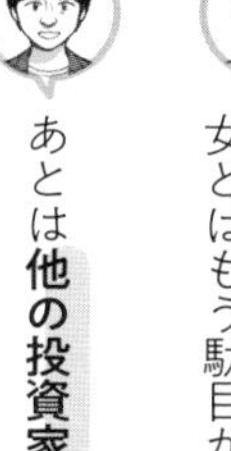

……いや、なんでもない……（会っても最近目も合わせてくれないし……。やっぱり彼女とはもう駄目かなぁ）。

あとは**他の投資家の気持ちを考える**ことも大事だ。

たとえば自分はこの株価が安いと思うから買っているわけなんだけれども、自分が買えたということは、逆にその株価で売っている投資家が他にいるということなんだよね。この、安い株価で売っている投資家の行動を理解できるかどうかが、ポジションを持ち続けるかどうかの判断基準になってくる。

たとえば利益を15％下方修正した企業があったとする。なぜ下方修正したのかを自分で調べたところ、販管費が予想以上にかさんだためということがわかった。この販管費は翌年度以降かからないとなったら、再び利益が盛り返す可能性があるので、株価が下がったところを買ったとしよう。

ここで、その時その株を売った人は何を考えていたのかというと、業績の下方修正を嫌気して売りに回ったというところまでは、おそらく理解できるだろう。

ところが、そこから翌営業日も、翌々営業日も株価の下げが止まらず、連日3％くらいずつ下がったとしたら、業績の下方修正はすでに織り込まれているのだから、自分でもわかっていない売り材料があるかもしれない。そこまで考えられるかどうかが、投資の世界で生き残れるかどうかの分かれ道になってくる。

「自分の判断は正しい。株価は戻るはず」と思ったらおしまいなんですね。

自分が買った後、逆の方向に株価が動きはじめたら、売り手の気持ちになってなぜ売っているのかを必死に考える。そして、売り手の理屈がまったく思いつかないような時は、たとえ損失が生じていたとしても、潔く損切りを実行したほうがいいよ。

自分がポジションを持っていると、どうしても冷静に物事を考えることができなくなり、売り手の理屈が浮かんでこないということもある。だから一旦ポジションを閉じ、まっさらな状

一言解説

[ポジションを持つ] 何らかの投資行動をとったということ

[ポジションを閉じる] 持っている株を全部売ること。一度相場を離れてみることで冷静になれたりします

態で売り手の理屈を考えることを心がけよう。
もし売り手の理屈が自分なりに理解できて、かつそれでも株価が上がると思うのであれば、また買い直せばいいのだ。

逆にどんどん高くなってきたら、やっぱり売ったほうがいいですか？

確かに自分が投資した後でどんどん株価が値上がりした場合、どこかで利食いの売りを出す必要はあるのだけど、その踏ん切りがなかなかつかないという投資家も少なくないね。もう十分な利益が出ているのに売らず、売り時を考えているうちに下落に転じてしまい、結局大した利益が得られなかったという苦い経験を持った投資家もいると思う。

なぜ利食いできないのかというと、多くの人間が欲深いからだ。「50万円くらい儲かれば十分」などと言っていた人が、いざ50万円の利益を得ると、「ひょっとしたら１００万円くらい儲かるかもしれない」などと思い込むようになって利食い売りをしなくなってしまう。

そうこうしているうちに、株価は下落トレンドに移ってしまい、いつの間にか利益が10万円程度に目減りしてしまったという笑えない話は、実は結構ある。

なので、**前述したバリュエーションの3つの基準をチェックして、明らかに割高な水準まで値上がりしてきたと思ったら、さっさと利食い売りをするのが肝要だ**。

バリュエーションを基準にしていけばいいんだ。それなら間違いはなさそうね。

株には相対で他の株と比較して見る人と、絶対観でその株の動きを考慮して見る人がいる。相対で見ると「あの株も上がってるからこれも……」と惑わされるよね。**絶対観はバリュエーションの勉強が必要だけど、振り回されることはない**。バリュエーションは、ある意味アラートの役割をしてくれるんだ。

（恋愛もアラートが欲しかったかも……）

公式

バリュエーションはアラートの役割にもなる

Chapter 3

「買ったら忘れるくらいでいい」は単なる怠慢

長期投資をしている人で「買ったら忘れるくらいでいい」と言う人もいるんですが、本当にそうでしょうか？

僕に言わせれば間違いだね。

よく、本気で投資をしたことがあるのかどうなのかわからないような、いわゆるファイナンシャルプランナーとか、経済コラムニストみたいな連中が、「株なんて買ったことを忘れるくらいでちょうどいい」って言うんだけど、これは大きな間違い。

もちろん米国のように、これからさらに人口が増えていって、さらに経済が成長するような国の企業に投資するなら、投資したことを忘れていたことに気づいて、久々に株価を見てみたら大きく値上がりしていてビックリなんてこともあるのかもしれないけど、日本企業の株式に関しては、なかなかそのようなことは起こらないはずだ。何しろこれからどんどん人口が減って、経済が縮小するリスクの高い国なのだから。積極的に海外マーケットを取りにいっているグローバル企業ならともかく日本をメインのマーケットにしている企業の株価は、右肩上がりの成長は期待しにくい。

そうなれば将来的に株価は一定の価格帯の中で乱高下を繰り返す、投機的な値動きになる可能性が高い。

だとしたら突然、株価が急落して大損するかもしれないし、そもそも経済が縮小均衡なのだから、急落分を穴埋めしてさらに株価が大きく上昇する可能性は極めて低いと考えておくべきだろう。

そういう中で株式を売買するのだとしたら、日々の株価の値動きはチェックしておいたほうが無難だ。毎日見るのが面倒だと言うならば、**週に1回はチェックすることをおすすめする**。できれば株価の値動きに加えて、投資した銘柄に関連したニュースくらいはフォローしたほうがよいだろう。

東証では**「適時開示」**と言って、上場企業の株価に大きな影響を及ぼすと思われる会社の業務や業績などに関連したニュースが生じた時には、それらを上場企業側が決定、あるいは事実確認したタイミングで公表している。

どのような内容の適時開示が行なわれたかについては、ネット証券でも随時最新情報を提供してくれているので、これをウォッチするクセをつけておくといいよ。

公式

保有する株価の動きは週1で確認。適時開示などにも目を通そう

Chapter 3

株価が動く範囲はわかる!?

たとえばチェックしていた株価が1か月で20%と下がったとして、その時買えるかどうかって、難しいよね。この先もっと下がるかも……なんて見ているうちに上がってしまいそう。

先にどのくらいの範囲で動くのかわかってたらいいんだけど……。

わかるよ。

え！

過去の値動きから、どのような幅で動く株なのかは計算で出すことができる。ただし精

度としては70%程度だし、あくまで「過去のデータから見て」ってことだから、参考程度だけどね。

株価の値動きの幅をボラティリティ（変動率。偏差値で表す）と言う。これが大きければボラティリティが高いと言うし、小さければボラティリティが低いと言われる。ボラティリティが高いと値動きが大きいから、初心者には難しい。

このボラティリティは、過去のデータを使って自分でも計算できる。標準偏差を使った計算なので、細かい数式には触れないけれど、エクセルのSTDEVP関数を使う。

ここでは1か月にどの程度値動きするのか、ボラティリティを計算してみよう。

うん、詳しい計算は聞かないけど、エクセルの使い方だけ覚える。

(1) 月次の終値の表を作る

1か月でどれだけ株価が動いたか。実際にはもう少し複雑だけど、今回は単純に毎月の終値だけで計算しよう。調べたい銘柄の月ごとの終値をエクセルに入力してみて。

株探で調べたい銘柄のページを検索して、出てきたページで「時系列」→「月足」と選んでいくと、該当のデータが出てくるね（①）。これをエクセルにコピペする、と。「形式を指定して貼り付け」→「テキスト」を選ぶといい。

どのくらいのデータがあればいいの？

月次であれば5年分くらいあればいいと思うよ。もし週次でやりたい場合は、3年分あるといいね。

株探でコピーしたものは、日付と終値だけ使うので、あとは削除して大丈夫です（②）。

(2) 変化率を計算する

次に、変化率を出す。今月の終値を先月の終値で割ればいいので、終値の横（C2のセル）に「=（B2／B3）-1」と入力して、その下も同様にします（③）。

C2から下にドラッグすると、自動的に数字が入力できるよ。

1か月のボラティリティを出してみよう

① 株式情報サイトなどで該当のデータを検索してエクセルにコピー

基本情報 チャート 時系列 ニュース 決算 大株主　決算発表予定日 2021/10/14

時系列株価 ／ ヒストリカルPER

日足 週足 週次信用残 月足 年足 ｜ 日次 週次 月次

年初来高値 110,500（21/03/02）　年初来安値 70,150（21/08/31）

今月	始値	高値	安値	終値	前月比	前月比%	売買高(株)
21/09/10	72,700	77,080	71,700	75,950	+3,430	+4.7	4,810,500

1 2 3 4 5 次へ>

日付	始値	高値	安値	終値	前月比	前月比%	売買高(株)
21/08/31	73,800	76,870	70,150	72,520	−1,400	−1.9	8,286,000
21/07/30	83,700	84,070	73,410	73,920	−9,710	−11.6	10,851,800
21/06/30	89,750	90,300	78,100	83,630	−5,540	−6.2	12,799,200
21/05/31	90,110	93,000	83,730	89,170	−540	−0.6	12,960,500

（参考画面。画面は株探。2021年９月10日）

② 日付、株価（終値）を残し、変化率の見出しをつけておく

	A	B	C
1	日付	株価（終値）	変化率
2	2021/3/30	89,130	
3	2021/2/26	105,000	
4	2021/1/29	89,820	
5	2020/12/30	92,470	
6	2020/11/30	85,940	

③ 変化率は事前に「セルの書式設定の表示形式」を「パーセンテージ」「小数点以下の桁数2」にしておく

	A	B	C
1	日付	株価（終値）	変化率
2	2021/3/30	89,130	=(B2/ B3)-1
3	2021/2/26	105,000	

(3) 1か月のボラティリティを出す

どこか適当なセルを決めて1か月のボラティリティを計算します。「＝STDEV（一番上の変化率のセル：最後の変化率のセル）」を入れます（④）。

まあ、深いこと考えないでやってみよう。1か月で9・6％という数字が出てきた。

これで1か月にその銘柄の株価は、68％くらいの確率で±9・6％くらいの幅の中におさまるってこと。

これをどう使えばいいかと言うと、たとえば、買おうと思っていた株が20％下がったとしようか。何も情報がなければ「まだ下がるならもう少し後で買おう」と思いながら、時期を逃してしまうかもしれない。

でも、この株は68％の確率で1か月に9・6％下がる可能性があることがわかっていたら、20％なら下がりすぎだと考えて買い向かわないといけない（20％÷9・6％≒2σ：95％の確率で起こること）。

それにあまり値動きするのは疲れるという人なら、ボラティリティが小さいほうがいいか

④ STDEV（C2：C60）を入れてボラティリティを算出

	ボラティリティ（1σ）
1か月	=STDEV(C2:C60)

	ボラティリティ（1σ）
1か月	9.6%

ボラティリティで値動きの幅を知る

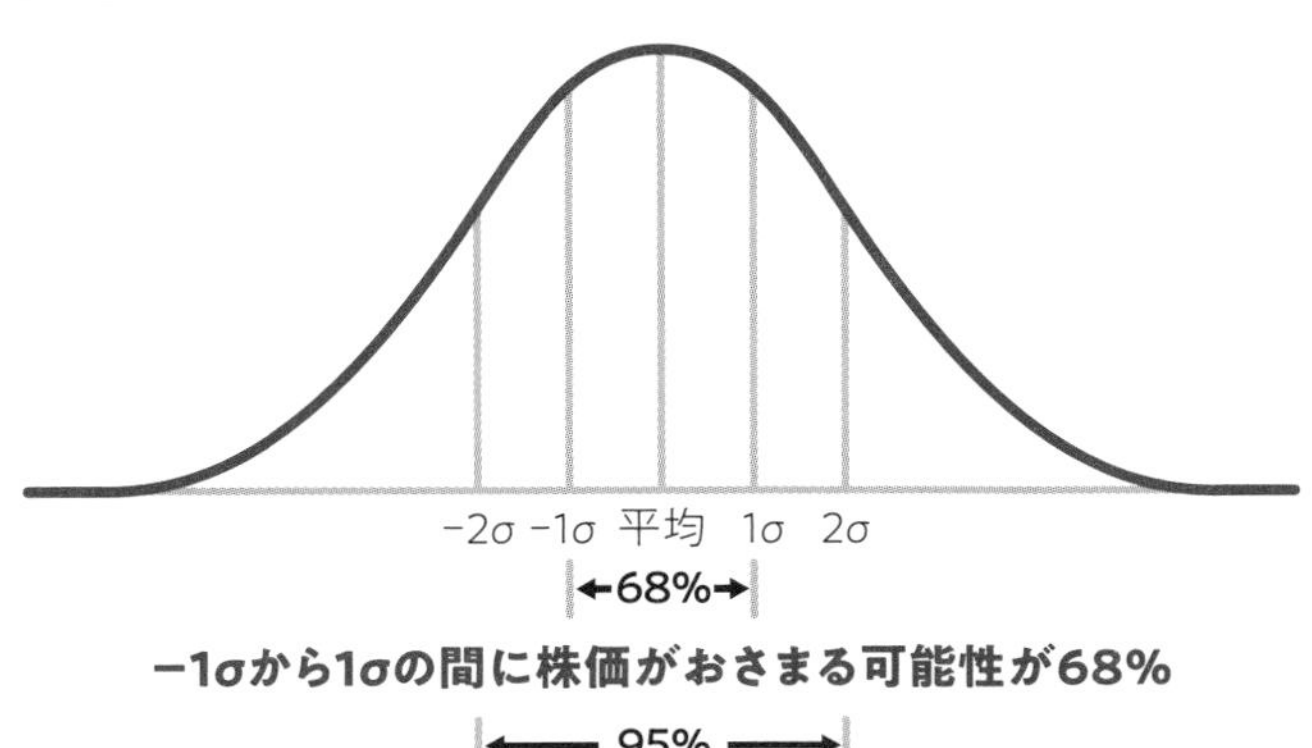

もしれないし、リスクがあっても値動きの大きい銘柄を選択したい、というなら、ボラティリティが大きいほうがいいかもしれないね。

これも次のＵＲＬとＱＲコードからダウンロードできるようにしておきます。

https://isbn2.sbcr.jp/10838/

公式

その株の値動きの範囲を大まかに知っておこう

Chapter 3

分散投資の仕方

お金関係の記事を読んでいると「分散投資」という話を聞くのですが、株でも分散投資を考えたほうがいいのでしょうか？

分散投資って？

分散投資とは**資金を1つの資産に集中させるのではなくて、様々な資産に小分けにして投資すること**。たとえば日本株だけでなく米国などの海外株式、国内債券、外国債券、不動産などの実物資産などに分散させる。その狙いは投資リスク全体を軽減させることだ。

リスクを下げられるのはいい話だね。

なぜ、投資資金を小分けにすることが投資リスクの軽減につながるのか。

分散投資の例え話として、**「卵を1つの籠に盛るな」**というのがある。1つの大きな籠に卵を10個入れて、その籠を少し高いところに掛けておいたところ、何かの拍子にその籠が地面に落ちてしまった。おそらく、籠の中に入れておいた10個の卵は全滅だろう。全部割れてしまう。

では、小ぶりの籠に2個ずつ、合わせて5つの籠に卵を分けて入れておいたとしたらどうだろうか。そのうち1つの籠が地面に落ちて、中に入れておいた卵が全部割れてしまったとしても、被害は卵2個にとどめることができる。残り8個の卵は無事というわけ。これと同じことが投資にも当てはまる。

さて、投資のリスクってどんなものがあるかな？

買った株が下がるリスク。

すぐに現金にできないリスクもあったよね。

一般的に「投資のリスク」と言うと、孝くんの言うように、株価が下落して損をする**「価格変動リスク」**がまず浮かぶと思うんだけど、実は他にもいくつか留意しておく必要のあるリスクがある。

たとえば**「流動性リスク」**。健司くんが言っていたように、現金化したいと思って解約なり売却なりの注文を出しても、市場に買い手がおらず現金化に支障をきたすリスクのことだ。

あるいは**「信用リスク」**。株式にしても債券にしても、民間企業が発行したものは、その企業が経営破綻に陥ると最悪、それらの価値がゼロになる恐れがある。

それはそうだろう。倒産した会社が発行した債券を持っていても、倒産後に元本や利子が支払われる保証はどこにもない。債務超過などに陥っていたら、おそらく元利金（元金と利子）は返済されず、ただの紙切れ同然になる恐れがある。

当然、そんな債券を買いたいなどという奇特な投資家など皆無に等しいので、債券が持つ価値はどんどん下がっていく。それを持っていた投資家は大損だ。

いくつかの金融資産を分散させて持っていたら、どれか1つにリスクが生まれたとして

も、他の資産はそのリスクに巻き込まれずに済むかもしれないんですね。

もし、これが単一の資産しか保有していなくて、しかもその資産が持つリスクが顕在化したら、投資家は甚大な被害を受けることになる。そうならないようにするため、あらかじめ資産を分散させましょうということを、投資の基本書などでは真っ先に書いている。

分散投資については、前述したように大きな枠組みとしては、**国内株式、外国株式、国内債券、外国債券、コモディティ、不動産というように、複数の異なる資産クラスに分けて投資する**ことを指すのだけれども、さらに国内株式の中、外国株式の中というように、同一の資産クラスの中でも分散投資が行なわれるよ。

前置きが大分長くなったけど、本書は株式投資の本なので、株式という単一の資産クラスの中での分散投資について、説明していこう。

僕たちヘッジファンドの運用担当者がなぜポートフォリオを組むのかというと、過度なリスクをとらないためということに尽きる。

典型的なケースとしては、1つの資産に過度なウェイトをかけてしまうことがあげられる。極端な事例になってしまうけど、たとえば100ある資産のうち50をソフトバンクグループの株式に投資してしまうなんてことだ。

このような投資をしたら、リターンもリスクも、その大半がソフトバンクグループの経営状況やそれに伴う業績に左右されてしまう。

それに成長率が高くてもボラティリティの高い銘柄であれば、大きく値上がりした後に、今度は大きく下がるということもある。だったら、そこそこの成長率で、毎年きちんと値上がりしていくような銘柄に投資したほうが、運用担当者としては、評価されるよね。

したがって、ヘッジファンドの分散投資はかなり細かく行なわれている。同じ日本株の中でも、個別銘柄の分散は言うに及ばず、セクター別（業種別）、サイズ別、スタイル別というように、様々な観点からポートフォリオに偏りが生じないように細かく計算され、分散されている。それぞれこんなふうに分かれているよ。

・セクター（業種）別……たとえば東京証券取引所は、鉱業、石油・石炭製品、陸運、食糧品など全部で33業種に分けた株価指数を公表している

・サイズ別……時価総額をベースにした分類で、大型株、中型株、小型株というように分かれている

・スタイル別……成長株投資か割安株投資かということ

このように同じ日本株内でもセクター別、サイズ別、スタイル別、銘柄別にバランスよく資金を分散させることによって、何か特定のものに対して極端に偏った資金配分になることで生じるリスクを回避しているんだ。

では、具体的にどのような分散を行なうのかだけど、これが結構難しい。この場合の組み合わせは、値動きの方向性が異なるもの同士をどういう比率で組み合わせるかという話で、セクター別やサイズ別の相関度合いから個別銘柄同士の相関度合いまで細かくチェックしたうえで、資産配分比率を決めていく——。

これ以上の説明はわかる気がしません……。

ただ、個人がヘッジファンドの運用で行なわれている分散投資を真似しようとしても、まず不可能と断言できる。ちなみに日本株を主要投資対象としているヘッジファンドのポートフォリオでどのくらいの銘柄を組み入れているのかというと、ざっくり言って200～300銘柄くらいだからね。

銘柄数から考えても、個人がヘッジファンド並みのポートフォリオを組むのは難しいな。

もちろん投資信託を使うという手はあるけれども、投資信託の場合、プロが銘柄を選択するとはいえ、それでもやっぱりいらない銘柄は入ってくるし、自分のお金を運用するのに投資先を選べないという問題もあるし、もっと言えば、投資信託のコストは割高だ。最近は個人の間でインデックスファンドが人気を集めているけど、あれなんて本当にいらない銘柄まで買わされることがある。

その非効率さを考えれば、個人でそれほど大きな資金で投資できないとしても、僕は個別銘柄を複数持つほうが、より効率的に高いリターンが狙えると考えている。

ただし、そのためにはこれまで述べてきたような方法で、自分が本当に自信を持って投資できるものを買うことが肝心だ。

自分で銘柄を選んで投資できるようになっていったほうが、ゆくゆくは勉強にもなりそう。個人の場合、どのくらい分散させればよいでしょうか。

前述したように確率から言えば自分の持っている銘柄がＴＯＰＩＸに勝てるのは40～60%程度の話なので、1銘柄に集中投資するのではなく、**3銘柄、4銘柄くらいに資金を分散させておく。**個人の分散投資については、この程度にとらえておけば十分だろう。

それにしても、余裕資金がないうちは、分散はできないですよね。

単元未満株といって、1株から取引できる制度もあるよ。第1章で紹介したね。

さっきタイミングを分けたほうがいいと言っていたけど、銘柄とタイミングの両方を分散させたほうがいいんですね。

株式投資に使う金額はいくらから？

最初はどのくらいの資金ではじめればいいんでしょうか？

生活に必要な額は現金でとっておいて、余裕資金で投資するのが一番。**目安としては、持っている金融資産の20～30%とか、多くても50%かな。** たとえば、月給手取り35万円、家賃10万円のところに住んでいて、毎月15万円くらいの生活費がかかっていたら、そこで毎月10万円を株に投資するのはちょっと多いよね。

僕は学生さんからも「5万円の投資だとそんなに儲からない！」って言われるんだけど、**金額を目標にするのはおかしい**んだよね。株式投資は「%」の勝負なわけだから。それこそ「3年で倍にしたいから」って高いリターンのものを探しはじめたら、リスクが高いものしかない。

1万円くらいの投資だったら、慣れてきたらもう少し増やしてもいいんじゃないかと思うけれど、大きなリターンを得るのは、もう少し収入が増えてきてからでもいいよね。最後に263ページから株式投資をはじめるにあたって必要なことをまとめておきます。

公式

株式は、買うタイミングと銘柄を分散させておこう

第3章のまとめ

- 株を買うタイミングはバリュエーションで考える
- 自分が株を買う目的によって売買のタイミングは変わってくる
- 株価が動く範囲が見積もれる「ボラティリティ」は売買のタイミングの参考になる

おまけ・株式投資をはじめる時に最低限知っておきたいガイド

証券取引のはじめ方

①取引をする証券会社を決める

株式投資をしようと思った時は、まず「証券会社」に口座を開くところからはじめます。

今はネット証券と実店舗のある証券会社がありますが、ウェブで取引ができることと、手数料が安いことなどから、ネット証券を使う人が増えています。

【主なネット証券】

・ＳＢＩ証券

・楽天証券
・マネックス証券
・auカブコム証券
・松井証券
・LINE証券

②口座開設の申し込みをする

ネット証券であればウェブサイトで申し込みができます。必要事項を入力すると、後日口座開設申込書が送られてくるので、それに必要事項を書き込み、運転免許証などの「本人確認書」を添えて返送します（申込書がダウンロードできるようになっている会社もあります）。

③口座を開設する

申し込みをすると、1週間〜10日ほどで、ネット取引に必要なパスワード・IDなどが送られてきます。あとは同封される口座開設の方法を見ながら手続きをしていきましょう。

一般口座と特定口座　どちらがいい？

株式で利益が出たら、**所得税**や**住民税**などの税金がかかります。

ここで「一般口座」を選ぶと、確定申告を自分で行なう必要があります。**「特定口座」「源泉徴収あり」**を選べば、確定申告などの手続きは証券会社が行なってくれるので手間が省けます。

NISAは使ったほうがいい？

ＮＩＳＡ（少額投資非課税制度）という言葉を聞いたことはないでしょうか？　通常税金がかかる株式投資や投資信託の配当金・譲渡益や分配金について、**一定の非課税枠を設定した制度**です。

対象となるのは、「年間１２０万円までの投資」で、期間は「最長5年」に限定されます（ただし２０２３年までの制度となっており、その後は見直される予定です）が、使っておいて損はないでしょう。

株式を購入する時に知っておきたいこと

株を買う前に、事前に入金をしておきましょう。最初に定めた銀行から、証券会社の口座に入金されることになります。

◎**株の注意点**

・株は1株から買えるわけではなく、最低の単位が決まっています。**「単元株数」**を確認してみましょう。

たとえば1株494円で、単元株が100株になっている場合、4万9400円+手数料が購入に必要な金額です。

・指値注文と成行注文

注文する際に**「指値注文」**か**「成行注文」**を選ぶことになっています。

「指値注文」は購入する金額を指定して買う注文、「成行注文」は購入する金額の指定をしないで買う注文です。

売買が成立しやすいのは「成行注文」ですが、購入する額が思った以上に高くなる可能性もあります。

ちなみに、1日に変動する株価には制限があります。株価ごとに範囲は定められていますが、上限（上値）まで上昇することを「ストップ高」、下限（下値）まで下落することを「ストップ安」と言います。

株を売る

売る場合も「指値」と「成行」があります。こちらも購入する時と同様に

「いくら以上になったら売る」＝指値
「いくらでもいいから早く売る」＝成行

となります。

売って利益が確定できたら「利益確定」、見切りで売る時は「ロスカット（損切り）」

と言われます。

資金が少ない場合は？

本文でも出てきましたが、株を購入する資金が足りない場合は、「単元未満株」といった商品もあります。

これは単元株数の10分の1などの株数で購入できる商品で、ＳＢＩ証券、マネックス証券などで取り扱いがあります。

たとえば、単元株１００株で1株４０００円の場合は40万円が必要になりますが、それを「ミニ株」で買うとすると、10株から買えるため、必要な資金は4万円で済みます。

ただしすべての証券会社で取り扱っているわけではありません。

株式情報の見方

株式や投資は専門的な用語も多く、よくわからないこともあると思います。株式情報サイトの「株探」を見ながら、用語を説明しておきます。

①**東証1**　どの株式市場に上場しているかを示している。東証1は東証1部。東証Mは東証マザーズの略

②**8185**　銘柄コード

③**利回り**（配当利回り）株価に対して年間でどれだけの配当金をもらえるかを示す指標

④**信用倍率**　信用取引における売り手と買い手の状況を示す倍率。1より大きければ信用買いの残高が信用売りの残高より多い

⑤**始値**　その日にはじめて取引された株の価格

⑥**高値**　その期間で一番高く取引された株の価格

⑦**安値**　その期間で一番安く取引された株の価格

⑧**終値**　その日の最後に取引された株の価格

⑨**出来高**　その期間に売買が成立した株の数

⑩**売買代金**　その期間に売買が成立した金額

⑪**VWAP**　売買高加重平均価格。ある期間の総出来高における取引額の比率

株式情報サイトの画面

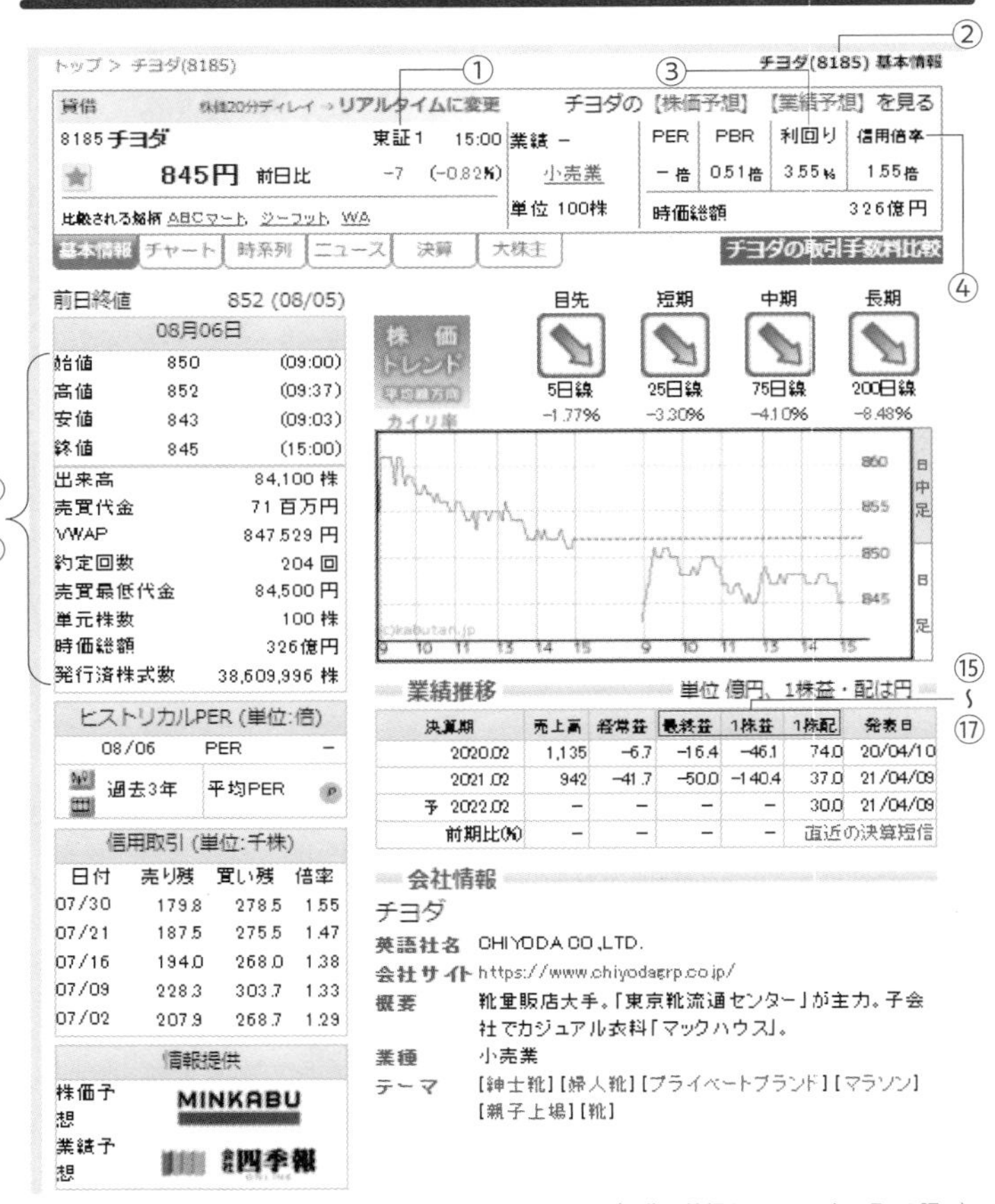

(画像は株探より　2021年８月７日調べ)

⑫**約定回数**　売買が成立した数

⑬**売買最低代金**　その会社の株を購入するのに必要な最低金額

⑭**発行済株式数**　会社が実際に発行している株式の数

⑮**最終益**　当期純利益と同じ

⑯**1株益**　ＥＰＳと同じ。1株あたり利益

⑰**1株配**　1年の決算期間を通じての1株あたりの配当金額

伊藤潤一（いとう じゅんいち）

1993年東京大学卒業。旧三和銀行（現三菱UFJ銀行）入行。その後、モルガン・スタンレー・アセット・マネジメント（現モルガン・スタンレー・インベスト・マネジメント）、ゴールドマン・サックス・アセット・マネジメントを経て、2002年にヘッジファンドの世界へ。グローバル大手のミレニアム・キャピタル・マネジメントなどを経て現在はダイモン・アジア・キャピタル・ジャパン。一貫して日本株のロング／ショートのポートフォリオ・マネージャー。約20年間ヘッジファンド在籍は日本人では稀有。同時に、2019年12月に東大金融研究会というサークルを作り、この1年間で在籍者数が900名を超える大所帯となり注目されている。Twitter、noteにて大空翔名義で発信中（@ozorakakeru）。

協力：谷謙人（たに けんと）
開成高校卒、東京大学経済学部3年、東大金融研究会マネジメント。

東大金融研究会　日本最大規模のビジネス・金融系サークル。主な活動は、各業界の第一線で活躍されている方をお招きして行う講演会や、超戦略インターンシップなど。金融・ビジネス分野を中心に据えながら、政治・文化・芸能など様々な分野と業界への知見を深め、未来の日本を担う優秀な人材の成長と繋がりを目指すプラットフォームとして活動。

東大生が学んでいる一生役立つ株の教科書

2021年10月28日　初版第1刷発行
2021年11月24日　初版第2刷発行

著　者　　伊藤潤一
発行者　　小川 淳
発行所　　SBクリエイティブ株式会社
〒106-0032　東京都港区六本木2-4-5
電話　03-5549-1201（営業部）
装丁　　小口翔平＋阿部早紀子（tobufune）
カバーイラスト　　456
本文デザイン　　荒井雅美（トモエキコウ）
本文イラスト　　このえ まる
本文DTP　　株式会社キャップス
編集協力　　鈴木雅光（JOYnt）
編集担当　　多根由希絵
印刷・製本　　三松堂株式会社

本書をお読みになったご意見・ご感想を下記URL、
または左記QRコードよりお寄せください。

https://isbn2.sbcr.jp/10838/

ISBN 978-4-8156-1083-8